2023年度　［第2回］

日本留学試験
試験問題

聴解
聴読解問題
CD付

Examination for
Japanese University
Admission for
International
Students
2023 [2nd Session]

独立行政法人
日本学生支援機構
JASSO Japan Student Services Organization

にほんごの凡人社
BONJINSHA

は　じ　め　に

　独立行政法人日本学生支援機構は、外国人留学生として、我が国の大学（学部）等に入学を希望する者について、日本語力及び基礎学力の評価を行うことを目的として、年に2回、国内外において日本留学試験（EJU）を実施しており、2023年の第2回目の試験は、11月12日（日）に実施されました。

　本書には、日本留学試験の第2回（2023年11月12日実施分）に出題された試験問題が掲載されており、その構成・内容は次のとおりです。

1．本書は、本冊子とCD1枚から成っています。CDには、日本語科目の「聴解・聴読解」の音声が収録されています。

2．日本語科目の「聴解・聴読解」のスクリプト（音声を文章にしたもの）を掲載しています。

3．実際の試験問題冊子と解答用紙は、A4判です。ここに収められている試験問題冊子と解答用紙は、実物より縮小してあります。

4．試験の出題範囲については、本書に「シラバス」として掲載しています。

　試験問題の公開は、日本留学試験について受験希望者及び関係機関に広報するとともに、受験希望者の試験勉強の便宜をはかるために行うものであり、本書が国内外の多くの日本留学希望者の助けとなれば幸いです。

　2024年1月

独立行政法人　日本学生支援機構（JASSO）

目　次

2023年度

日本留学試験（第２回）

試験問題

The Examination

日本語

（125分）

I　試験全体に関する注意

1. 係員の許可なしに，部屋の外に出ることはできません。

2. この問題冊子を持ち帰ることはできません。

II　問題冊子に関する注意

1. 試験開始の合図があるまで，この問題冊子の中を見ないでください。

2. 試験開始の合図があったら，下の欄に，受験番号と名前を，受験票と同じように記入してください。

3. 問題は，記述・読解・聴読解・聴解の四つの部分に分かれています。
   それぞれの問題は，以下のページにあります。

	ページ
記述	1～3
読解	5～31
聴読解	33～47
聴解	49～52

4. 各部分の解答は，指示にしたがって始めてください。指示されていない部分を開いてはいけません。

5. 足りないページがあったら手をあげて知らせてください。

6. 問題冊子には，メモなどを書いてもいいです。

III　解答用紙に関する注意

1. 解答は，解答用紙に鉛筆（HB）で記入してください。

2. 記述の解答は，記述用の解答用紙に日本語で書いてください。
   読解・聴読解・聴解の問題には，その解答を記入する行の番号 `1` ，`2` ，`3` ，…がついています。解答用紙（マークシート）の対応する解答欄にマークしてください。

3. 解答用紙に書いてある注意事項も必ず読んでください。

※　試験開始の合図があったら，必ず受験番号と名前を記入してください。

受験番号			*				*					
名　前												

記述問題

説明

　　記述問題は，二つのテーマのうち，どちらか一つを選んで，記述の解答用紙に書いてください。

　　解答用紙のテーマの番号を○で囲んでください。

　　文章は横書きで書いてください。

　　解答用紙の裏（何も印刷されていない面）には，何も書かないでください。

記述問題

以下の二つのテーマのうち，どちらか一つを選んで 400〜500字程度で書いてください（句読点を含む）。

1.

　近年，大学や大学院などに進学し，高い学歴を持つ人が増えています。高い学歴を持つことは重要だという考え方があります。一方，高い学歴より重要なものがあるという考え方もあります。
　両方の考え方に触れながら，高い学歴を持つことについて，あなたの考えを述べなさい。

2.

　多くの国や地域には伝統的な文化や技術があります。伝統的な文化や技術を守るのは，その国や地域で育った人がよいという考え方があります。一方，他の国や地域で育った人でもよいという考え方もあります。
　両方の考え方に触れながら，伝統的な文化や技術を守ることについて，あなたの考えを述べなさい。

　問題冊子の表紙など，記述問題以外のページを書き写していると認められる場合は，０点になります。

────── このページには問題はありません。──────

読解問題

説明

　読解問題は，問題冊子に書かれていることを読んで答えてください。

　選択肢１，２，３，４の中から答えを一つだけ選び，読解の解答欄にマークしてください。

I　次の文章の内容と合っているものはどれですか。　　　　　　　　1

　　地下水の枯渇，先細る川，干上がる湖の様子を知ると，地球の水資源が枯渇する，と
いった煽り文句も本当のような気がしてくる。しかし，地球表層の水は形を変えて循環し
ているだけで，数万年から数十万年といった時間スケールではその総量は変化しないと考
えてよい。大気圏上端から宇宙空間に水素が散逸しているので，その分の水が減りつつあ
るという推計がある一方で，地球のマントルやコア（中心核）には海の数倍の水が蓄えら
れているのではないか，という説もあり，地球にはわれわれが想像する以上に大量の水が
あると推測されている。

　　もちろん，地球の中心部にどれだけ水が含まれていようとも，人間が容易に利用できな
いのであればわれわれにとってはないのと同じである。そういう意味では，地球表層の水
の大半を占める海水や氷河・氷床，あるいは深い地下水なども簡単には利用できないの
で，やはり淡水資源は貴重であるという説明にも説得力はある。

　　しかし，水は基本的には循環資源であり，使っても物質としてなくなるわけではない。
非持続型の地下水資源である*化石水ですら，…（略）…，地球全体からするとどこかに
消えて無くなるわけではない。

（沖大幹『水の未来──グローバルリスクと日本』岩波書店）

＊化石水：地層の中に数万年以上にわたって閉じ込められた水

1．先細る川や干上がる湖などの様子から，地球の水資源が枯渇すると予測される。
2．地球表層にある水は循環するので，その総量は超長期的には変わらない。
3．人間が利用できる水は限られているので，川や湖などの水の利用を制限するべきだ。
4．地球全体の水資源を守るため，海水や氷河等を利用する必要がある。

II　次のお知らせの内容と合っているものはどれですか。　　　　　　2

ボランティアスタッフ募集要項

20XX年11月27日（日）に開催予定の「第5回中央区ハーフマラソン20XX」において，ボランティアを募集します。

大　会　名：第5回中央区ハーフマラソン20XX

場　　　所：東が原運動場，中央区内

日　に　ち：20XX年11月27日（日）雨天決行

時　　　間：7時～15時

活動内容：選手受付，沿道整理，手荷物預かり，ランナー誘導，完走者対応等
　　　　　　※内容は変更する場合があります。

募集期間：20XX年7月1日（金）～9月30日（金）
　　　　　　※応募多数の場合は，期限前に締め切ることがあります。

募集定員：個人・団体併せて500人　※先着順（定員になり次第，締め切ります）

申込条件：15歳以上の方（中学生は不可）
　　　　　　※18歳未満の方は，保護者の同意を得てください。

昼　　　食：昼食と飲み物は大会委員会が用意します。

支　給　物：記念品・スタッフ用ベスト・ボランティア証明書（希望者のみ）
　　　　　　※雨天時は，各自で雨具をご用意ください。

申込方法：参加申込書に必要事項を記載し，下記申込先へ持参いただくか，
　　　　　　Eメールでご提出ください。

申　込　先：中央区ハーフマラソン実行委員会事務局（中央区役所内）
　　　　　　電話：0123（45）6789　　Eメール：○○○○@20xx.XXXX.jp

1．昼食は自分で用意しなければならない。

2．参加申込書はＥメールで提出しなければならない。

3．締め切りは早まる可能性がある。

4．雨が降った場合には中止になる。

Ⅲ　筆者は，睡眠不足についてどのような勘違いがあると述べていますか。　　　　$\boxed{3}$

　睡眠不足は，家計の赤字に似ている。日々の睡眠不足がたまってくると，「睡眠負債」という睡眠の「借金」がたまってくるのだ。そうなると，脳は睡眠を強く欲するようになり，その借金を解消しようとする。ときには，借金を無理やり取り立てられることもある。居眠りだ。これが，ときには重大な事故につながる。一見すると，経済的な借金のように利息がついて，実際に借りた分よりも大きく膨らんでしまうということはないし，むしろ，逆のことが起きるようにも思える。睡眠不足の累積がどんなに大きくても，ぐっすり一晩か二晩眠れば，もうそれ以上眠ることはできず，借金は帳消しになったかのように思われるかもしれない。一週間くらい睡眠不足が続いていても，一晩たっぷり眠れば，それを取り戻すことができるように感じる。

　こうした体験から，人はしばしば勘違いしてしまう。寝不足が続いても，一晩で帳消しにできるのならば，できるだけ短く眠って，たまに長く眠れば，毎晩十分に眠るよりも，睡眠時間を節約できると。…（略）…

　だが，これは大きな勘違いで，もう眠れないからといって，睡眠負債が解消されたわけではない。実際には，一度に続けて眠れないだけのことで，睡眠負債は，しっかり残っているのである。

（岡田尊司『人はなぜ眠れないのか』幻冬舎）

１．睡眠不足が続くと，事故を起こしやすくなるという勘違い
２．一回睡眠時間を長くとれば，他の日は短くできるという勘違い
３．一晩たっぷり寝ても，睡眠負債は残っているという勘違い
４．一日の睡眠時間の長さを変えると，睡眠不足になりやすいという勘違い

Ⅳ　航空会社が*マイレージサービスをはじめた理由は何ですか。　　　　　4

　　80：20の法則ということを聞いたことがありますか。パレートの法則は，イタリア経済学者Ｖ．パレート（Pareto）が提唱したもの。別名２：８の法則とも言われます。この法則はいろいろなところで使用されています。全商品の20％が80％の売上を作る（ABC分析）というものです。20％を売れ筋商品，80％は死に筋商品といいます。これによって，仮に全体で10商品あった場合，まず，その最上位の２つの商品を重点的に仕入れれば，全体の80％を改良したのと同等の結果が期待できるというものです。マイレージがはじまったのも，発想は同じです。アメリカン航空が，顧客について調べたところ，全顧客の20％が全体売上の80％を占めるということに近い結果が出ました。それなら，その20％の顧客を大切にした方が良い（もし他の航空会社に**スイッチしたら大変なことになります）。そこで，20％の優良顧客にサービスをはじめたのがマイレージサービスだったのです。

　　　　　（竹田茂生・藤木清『ゼロからの統計学──使えるシーンが見える──』くろしお出版）

　*マイレージサービス：ここでは，航空会社が行っている，乗客の飛行距離に応じて特
　　　　　　　　　　　　典を提供するサービスのこと
　**スイッチする：換える

１．他の航空会社を利用している客を自社に呼び込むため
２．利用してくれたすべての顧客に満足してもらうため
３．飛行機に乗ったことがない新規の顧客を獲得するため
４．売上の大部分を占めている少数の顧客をつなぎとめるため

V　次の文章の内容と合っているものはどれですか。　　　　　　　　5

　　・男性は男らしく，女性は女らしくなければならない。

　このルールを，一般にジェンダー規範と呼ぶ。ジェンダー規範は社会規範の一種であり，人間を男性と女性の二種類に分けた上で，それぞれの人に自らの性別に合わせて一定の仕方で振る舞うように命じる。

　ジェンダー規範は，常に対になっている。例えば，10年，あるいは20年ほど前であれば，次のようなことが当然であるか，もしくは好ましいと考えられていた。男性は冷静沈着に，女性は感情豊かに振る舞うこと。男性はズボンを，女性はスカートをはくこと。男性は髪を短く切り，女性は髪を長く伸ばすこと。男性は仕事に行き，女性は家で子どもを育てること。つまり，男性に何らかの行動を求める規範は，同時に女性には別の行動を求める。

　ある行動が，法律では許されていても，ジェンダー規範によっては許されていない場合，人はその行動を選択しづらい。服装は男女に関わりなく自由であるはずだが，男性がスカートをはいたり，女性が*坊主刈りにしたりすることは滅多にない。悲しい時は涙を見せても良いはずだが，男性が人前で涙を見せることは珍しい。これらの例は，いずれもジェンダー規範の働きを表しているといえよう。

（前田健太郎『女性のいない民主主義』岩波書店）

*坊主刈り：頭髪全体をとても短くした髪形

1．ジェンダー規範は多くの人々が受け入れているので，変化することはない。
2．法的には問題がない行動を，ジェンダー規範は制限することがある。
3．国家が法律によって規制すれば，男女間の平等は実現するはずだ。
4．ジェンダー規範は，男性にも女性にも同じ行動を命じることがある。

VI　筆者が述べている，もともとは*ハザードであったものが肯定的に認知されている例
　　として適当なものはどれですか。 6

　　多くの技術は，本来，リスク削減を目的として開発されてきましたが，いまやその技術
が取りのぞくべきハザードとしてみなされる局面が増えてきたのです。例えば，農薬は病
気や虫によって作物の収穫が落ち込むことを避けるために開発されました。食品保存料も，
冷蔵技術が不十分な中，食物の腐敗を防いで健康リスクを抑えることに貢献してきました。
けれども，現在ではむしろ農薬や食品添加物の利用が削減すべきハザードとみなされてい
ます。
　　…（略）…
　　農薬や食品添加物は使い方によって実際にリスクがありますので，そのリスクを評価し，
管理しようとするのは当たり前のことです。
　　しかし，一方，…（略）…　農産物の病気や虫害，腐敗，といった自然の脅威は認知さ
れにくくなっているようです。
　　単に脅威が認知されなくなっただけでなく，さらに進んで，「自然のままが良い」とか
「自然のままが安全」とかいう肯定的な認知がどのようにして形成されてきたのかも不思
議なところです。

　　　　　　　　　　　（中谷内一也『リスク心理学　危機対応から心の本質を理解する』筑摩書房）

　＊ハザード：危険なもの

１．食品は無添加，無農薬の方が健康に良いという考え
２．冷蔵技術の進歩が食品の鮮度を保つという考え
３．食品保存料は腐敗を防ぎ健康リスクを抑えるという考え
４．農薬が作物の収穫を増やすために貢献しているという考え

VII　筆者は，２人の子どもを育てた親はどう考えるようになると述べていますか。　| 7 |

　「親は，１人目の子どもが生まれると環境論者になり，２人目の子どもが生まれると遺伝論者になる」という話があります。

　１人目の子どもを育てている間は，子どもがどのように育つかは，自分がどのような子育てをしたか，どのような経験をさせたかですべて説明できるような気になり，「子どもの育ちは環境で決まる」という考えを持つことも少なくありません。

　それが，２人目の子どもが生まれると，１人目の子どもと同じように子育てをし，同じような経験をさせようとしても，１人目の子どもと同じような育ち方をするわけではなく，はっきりした個性の違いが見えてきます。そこで，「子どもにはそれぞれ個性があり，同じ環境にいてもそれぞれ育ち方が違ってくる」ということを実感することになります。実際には，私達の個性は，遺伝と環境の両方が複雑に絡み合うことによって生みだされていきます。

（千住淳『自閉症スペクトラムとは何か――ひとの「関わり」の謎に挑む』筑摩書房）

1．１人目の子どもの個性は遺伝で決まり，２人目の子どもの個性は環境で決まる。
2．同じ環境で同じように育てられても，子どもたちは違う個性を示すようになる。
3．子育てをしてみれば，子どもの個性がいかに環境に影響されるかがよくわかる。
4．１人目の子どもは，２人目の子どもより環境からの影響を強く受ける。

VIII　次の文章は，営業担当のビジネスパーソンについて書かれたものです。筆者は，営業担当に必要なことは何だと述べていますか。　　　　　　　　　　**8**

　　商品の特長を並べ立てて，いかに優れたものか，一方的に話す営業マンがいますが，果たしてそれで業績は上がるでしょうか。

　　もちろん商品の特長を説明することも大切ですが，それよりまずは相手に話をしてもらって，その話をじっくり聞くことです。

　　相手が話をしたくなるような話題を振って，時に親身になり，時に感心し，時に大きくうなずいて，相手に気持ちよく話してもらうのです。

　　人は自分の話を聞いてもらうと，存外うれしいものです。まして初めて会った人が自分の話を熱心に聞いてくれると，感動すら覚えたりします。自分の話を聞いてくれる相手には当然，親しみを持つし，好感度も増します。

　　お客は，商品を選ぶのではなく，商品を売りに来たセールスパーソンを選んでいるのです。

（池上彰『伝える力』PHP研究所）

1．商品の知識が豊富なこと
2．商品の説明をお客にわかりやすくできること
3．お客の話に耳を傾けること
4．セールスパーソンとしての自信を持つこと

日本語－16

IX 次の文章で，下線部「便利な脳」とありますが，どのような点で便利なのですか。

9

　イルカの脅威とも言える天敵はどういったものだろうか。

　それは，ヒト，サメ，そして同じハクジラ類同士であるシャチである。

　イルカはこれらの天敵から逃れるためにさまざまな工夫をしているが，その一つに「半球睡眠」がある。われわれヒトは，眠るときは脳の全部（左半球も右半球も）を休めて眠る。しかし，脳波の研究から，イルカは片脳ずつ眠る半球睡眠をしていることがわかった。つまり右脳が寝ているときは左脳が起き，あるいはその逆のことをしている。こうしてどちらかの脳が起きていることによって，常に周囲に注意を払うことができ，天敵からも身を守れるのである。野生動物としてなんとも便利な脳と言えよう。

（村山司『イルカ』中央公論新社）

1．脳波の研究に役立つ点
2．エネルギーを消費しない点
3．睡眠中も周囲を警戒できる点
4．ヒトの脳と似ている点

—24—

X　次の文章の内容と合っているものはどれですか。　　　　　　　10

　人には誰しも寂しいと思う気持ちがある。孤独というのは信頼できる友人がいなかった
り，社会的に孤立してしまったりしたときに感じるもので，個人の置かれた状況によって
引き起こされるものだと考えられがちだ。しかし，実は孤独感というのは意外にも客観的
な状況のことではなく，個人の持つ感覚あるいは性格という主観的なものである。
　人が孤独を感じているかどうかは外から見てもなかなかわかりにくい。たとえば，友達
がたくさんいていつも楽しそうにしている人でも，自分はひとりぼっちで，一緒にいて安
心できる仲間がいないと感じているかもしれない。逆に，いつもひとりぼっちでいるよう
に見える人でも，他人と関わることをそれほど欲していないだけで，孤独は感じていない
かもしれない。だから，孤独感というのは意識の研究と同じ主観性の問題を抱えている。
孤独を強く感じているかどうかというのは，外部から物理的な側面だけを観測してもわか
らず，人が主観的に感じている孤独感のほうが重要なのである。

（金井良太『個性のわかる脳科学』岩波書店）

１．人は，社会的に孤立したときに孤独を感じるものだ。
２．ある人が孤独を感じるかどうかは，他人が見て判断できる。
３．同じような状況で，孤独を感じるかどうかは人によって違う。
４．他人と関わることを欲しない人も，実は孤独を感じている。

XI　次の文章を読んで後の問いに答えなさい。

　スズメが何かをくわえて飛んでいるのを見たことはないだろうか？　春夏ならそれは巣
作りかヒナへのエサ運びで，虫以外をくわえていたら巣作りだろう。シジュウカラはメス
しか巣作りしないが，スズメは雌雄が協力する。大きく，長いものを運んでいれば外装の
作業中。それが次第に短くなって内装に移行，羽や毛を運んでいたらそれは卵を産み落と
す産座(さんざ)になるので，巣の完成が近いことになる。

　10日ほどで産座までできると，メスが産卵を始め，1日1個ずつ産む。これは鳥の原則。
空を飛ぶためには軽量化が不可欠なので，体重を軽く保つためにまとめて産むことができ
ないのだ。ニワトリだって1日1個ずつだから，彼らも先祖は飛んだに違いない。

　4～7個，予定数を産み終えてから*抱卵に入るが，1個目，2個目で抱かないのはな
ぜか？　先に産んだ卵ほど早く**孵化(ふか)したら，ヒナが不ぞろいになってしまうからだ。

　カラス科のようにメスしか抱卵しない鳥もいるが，スズメはオスも抱卵し，約12日の抱
卵の後，ヒナがそろって孵化する。

　　　　　　　　　　　（安西英明『スズメの少子化，カラスのいじめ』ソフトバンク　クリエイティブ）

＊抱卵：親鳥が卵を抱えて温めること
＊＊孵化：卵から幼鳥が誕生すること

問1　スズメの巣作りについて，この文章の内容と合っているものはどれですか。　⟦11⟧

1．巣の内側と外側で使う材料を変える。
2．巣作りはメスしかしない。
3．羽や毛で巣の外装を作る。
4．内側の産座から作り始め最後に外装を仕上げる。

問2　スズメの産卵について，筆者は何と述べていますか。　⟦12⟧

1．産座を作りながら，産卵する。
2．4～7個の卵を1日で産み終える。
3．予定数の卵をすべて産んでから温め始める。
4．大きい卵だけ選んで温める。

XII　次の文章を読んで後の問いに答えなさい。

　人は，木材を必要としている。この点を最初に確認しておきたい。

　なぜなら，林業が森林を破壊しているという主張を耳にすると，林業そのものをなくせ
ばよいという単純思考に走りがちだからだ。林業がなければ木を伐らないで済む，と思う
のであろう。さらに木を使わなかったら，森林を守れると飛躍する。

　しかし，人間の生活に木材は欠かせない。なぜならば，木材は素材としての機能，強度
や比率，加工の容易さなどの点から，ほかに替わるもののない資源であること。それに加
えて，木材が身の回りからなくなれば，その肌触りなど自然素材との接触の機会を失いか
ねないことも挙げられるだろう。

　自然素材を知らない者は，結果的に自然に興味を持たなくなり，自然破壊に無頓着に
なるに違いない。たとえば木材を知らなければ，森林に興味を持つことも少ない。森林に
興味がなくなれば，なんらかの理由で森林が破壊されているという情報に接しても反応し
なくなる。それどころか，自ら破壊する側に回ることについての心理的な抵抗も少ないだ
ろう。自然が身の回りから姿を消した時，人は快適に生きていけるだろうか。

（田中淳夫『森林からのニッポン再生』平凡社）

問1　下線部「確認しておきたい」と筆者が述べているのはどうしてですか。　　13

1．林業をなくせば森林が守れるという主張に反論するため
2．木材に替わる資源の利用を検討するため
3．木材の使用量をできるだけ減らして森林を守るため
4．林業が森林を破壊している現状を正しく伝えるため

問2　筆者は，人が自然素材と触れ合う機会がなくなるとどうなると述べていますか。

14

1．自然素材に関心がなくなり，木を伐らずに済むようになる。
2．機能，強度，加工の容易さが同じ代替資源を使うようになる。
3．自然破壊に対して心理的抵抗感が強くなる。
4．自然への関心がなくなり，自然が破壊されても気にしなくなる。

XIII　次の文章を読んで後の問いに答えなさい。

　　最近食物アレルギー児が増えているといわれていますが，なかには本当のアレルギー症状ではないのに親がアレルギーと思い込んで食べさせることをやめてしまったり，血液検査結果のみでアレルギーと診断されてしまっているケースもあります。アレルギーに対してのさまざまな誤解が生じる理由は，アレルギーがなぜ起きるのかがまだはっきりとわかっていないからです。この10年間でも食物アレルギーの診断・治療法は大きく変わっており，各機関（保育園・幼稚園・学校・クリニック・専門病院）での指導・対応は，<u>その変化</u>により混乱を生じています。

　　しかし，大切なのは真のアレルギーかどうかを明確にすることです。そのためには，「子どもが食物アレルギー？」と疑われたら自己判断せずにアレルギーを専門としている小児科医を受診して，必要な検査や対応を相談してください。

　　現在の食物アレルギー治療の基本は，除去する食品（食べないように制限する食品）を最低限にすることです。以前であれば全卵でじんましんがでる患者に対しては完全に食べさせないよう指導することが多かったのですが，加熱卵の黄身で症状がでなければ黄身の摂取だけでも続けるという「部分除去」を指導することが多くなっています。

（今井庸子「アレルギーのある子にはどんな食品を選択するの？」
田村文誉・水上美樹編著『上手に食べるために3』医歯薬出版）

問1　下線部「その変化」とありますが，何の変化ですか。　　　　　15

1．食物アレルギーだと思われる子どもの数
2．食物アレルギーの診断方法や治療方針
3．原因のわからない食物アレルギーの種類
4．食物アレルギーを引き起こす原因物質

問2　筆者によれば，現在の食物アレルギー治療はどのように行われていますか。　16

1．食べてはいけない食品の種類をできるだけ減らすようにする。
2．親などの身近な人の判断を重視し，アレルギーが起きそうな食品は食べさせない。
3．アレルギーのある食品も少しずつ食べさせてアレルギーを克服するようにする。
4．アレルギーが起きそうな食材は生で食べず，十分加熱してから食べさせる。

XIV　次の文章は，災害のときの避難のしかたについて述べたものです。読んで，後の問いに答えなさい。

　　土砂災害は，がけ崩れや土石流，地すべりなど，山側から襲ってきます。それを踏まえて，まずは安全と考える場所へ逃げましょう。

　　では，いざというときの安全な場所とはどこでしょうか？　ポイントは『*水平避難』と『**垂直避難』です。発生した土砂災害，危険ながけ，危険な沢，増水した川から少しでも遠くへ避難しましょう。しかし，すでに災害が発生していて，外へ逃げることができないことも考えられます。その場合は，斜面や谷から遠い側の自宅の2階など，少しでも高いところへ避難しましょう。また近くに川がある場合は，土砂災害に加えて浸水被害も考えられます。その場合にも垂直避難は有効です。

　　自分の近くで土砂災害が発生したとき，「自分のところでも土砂災害が起きるかも」と思いますか？　それとも「自分のところは大丈夫」と思いますか？　「楽観バイアス」という言葉を聞いたことがあるでしょう。人間は無意識に物事を自分にとって都合良く解釈する性格を持っています。この楽観バイアスにより，ほとんどの人は「自分のところは大丈夫。安全だ。」と思ってしまいます。

　　しかし，土砂災害が起こってからでは全てが手遅れです。自分の住む地域やすぐ近くで土砂災害が起きそうな場合，ためらわずに安全な場所へ『早めの避難』をしましょう。

　　　　　　　　　　　　　　（梅﨑基考「土砂災害が起きたらどうすればいいのですか？」

　　　　　　　　　日本応用地質学会災害地質研究部会編『土砂災害の疑問55』成山堂書店）

　＊水平：ここでは，前後左右の方向
　＊＊垂直：ここでは，上の方向

問1　土砂災害のときの避難方法について筆者の考えと合うものはどれですか。　　17

1．外へ逃げることができない場合は，水平避難が有効だ。
2．水平避難ができないときは，垂直避難をすべきだ。
3．浸水被害があるときは，垂直避難はすべきでない。
4．水平避難よりも先に垂直避難を考えるべきだ。

問2　土砂災害が自分の地域で起こりそうなとき，どのようにすべきだと筆者は述べていますか。　　18

1．まず地域の人と連絡を取り合うべきだ。
2．あきらめないで楽観的に行動すべきだ。
3．あわてて避難せず，公的な避難指示を待つべきだ。
4．まだ大丈夫だと思わず，すぐに逃げるべきだ。

XV　次の文章を読んで後の問いに答えなさい。

　人生を旅にたとえるなら，誰しも生涯，平坦なところを歩いているわけではない。山や谷や暴風雨などと遭遇することはしばしばある。予想もしていなかった障害物に道をふさがれたら，大抵の人は＊たじろいで，しばらくはどうしてよいかわからなくなってしまうだろう。

　そんな時，私の脳裏に必ず浮かんでくるのは，母が口ぐせにしていた言葉だ。

　＊＊「仕方なかんべさ」

　＊＊「何とかなるべさ」

　この二つの言葉は，私がパニックに陥ったりうつ病になりそうになった時，どれほど防いでくれたかわからない。なぜ，この言葉がそれほどまでに私の心に深く刻まれているのか。母は41歳の時，結核で病んでいた夫を亡くしても，淡々と＊＊＊法事をこなし，ぐち一つこぼさずに手内職で家計を支えていた。そんな時，この言葉をよく口にしていた。その姿と共に口ぐせの言葉が全身に記憶されたのだ。当時，私は十歳だった。母にとって，「仕方なかんべさ」という言葉は，単なるあきらめではなかった。人間にはどうにもならない運命というものがある，そういう運命のいたずらにさからっても力が尽きてしまう。悲しみや苦しみを背負いながらも，コツコツと働いて生きていけば，いつか必ず良い日が来る。だから「何とかなるべさ」というのだ。何もしなくても何とかなるというのではない。（　Ａ　）なのだ。

（柳田邦男『自分を見つめる　もうひとりの自分』佼成出版社）

　＊たじろぐ：ひるむ，しりごみする

　＊＊「仕方なかんべさ」「何とかなるべさ」：「仕方がない」「何とかなる」という意味の
　　　　　　　　　　　　　　　　　方言

　＊＊＊法事：亡くなった人のために行う仏教の行事

問1　下線部「なぜ，この言葉がそれほどまでに私の心に深く刻まれているのか」とあり
　　　ますが，その理由として最も適当なものはどれですか。　　　　　　　　　19

1．母は苦しい状況でも，この言葉を口にして頑張っていたから
2．母は夫を亡くして以来，口ぐせのこの言葉を言わなくなってしまったから
3．父が亡くなる前に，父と母がよく言っていた言葉だから
4．母は私が病気になったとき，この言葉で励ましてくれたから

問2　（　Ａ　）に入るものとして，最も適当なものはどれですか。　　　　　　20

1．不満から出た言葉
2．批判的な思考
3．怠け者の発想
4．ポジティブな人生観

XVI　次の文章を読んで後の問いに答えなさい。

　列車における自動運転とは，決められたプログラム通りに自動的に列車を運行させる方法です。現在，自動運転をしている列車に運転士が乗務することがありますが，運転士が乗務しない無人自動運転の時代が，近い将来やって来るかもしれません。そうなれば人件費が削減でき，経営の面で大きなメリットがあります。しかし，その実現にはまだ課題が残っています。

　運転士が手動運転をしているときは，天候の変化などにすぐに対応して適切な運転方法に変えることができます。実際に，自然災害や重大事故などの緊急事態が発生したときには，多くの場合，運転士が対応しています。また，電車が予定より遅れている場合，手動運転なら，スピードを上げたりブレーキをかけたりするタイミングを運転士が調節して，安全を確保しながら遅れを回復することができます。ところが自動運転では，このような細かい調節をすることができません。自動運転は予想外のことに柔軟に対応することが難しいのです。

　もちろん，自動運転の方が優れている面もあります。人間のすることにミスはつきものですが，自動運転ならそれが少なくなります。ただ，その設定自体にミスがあった場合はどうなるでしょうか。もし運転士がそばにいればそれに気づき，手動で対応できますが，無人の場合はそのままになってしまいます。

　このように，無人の自動運転が実現するまでに解決しなければならない課題は，なんらかの異常が起きたときに多いと言えるでしょう。

（西上いつき『鉄道運転進化論』交通新聞社　を参考に作成）

問1　下線部「それ」が指す内容として最も適当なものはどれですか。　21

1．人件費
2．手動での対応
3．電車の遅れ
4．操作のミス

問2　筆者は，無人の自動運転についてどのように考えていますか。　22

1．自動運転を実現するためには，経費の削減を図る必要がある。
2．自動運転の実施より，優秀な運転士の育成に力を入れるべきだ。
3．自動運転は，非常時に十分に対応できないことが課題である。
4．安全を第一に考えるなら，自動運転に早く切り替えるべきだ。

XVII　次の文章を読んで後の問いに答えなさい。

　他人に何かしてもらうと，ありがたいとか申し訳ないとか，何らかの気持ちがわき起こります。大きく分けて二つの要素が，相手への気持ちを決めると心理学では考えられています。

　一つ目は，「うれしい」とか「助かった」とか思うことで表されるような，自分の得た利益の大きさです。二つ目は，相手が自分のために費やした時間や労力，金銭などの負担の大きさです。二つの要素の大きさの合計が，「相手への気持ち」の大きさになります。心理学の研究で，(1)これは世界の主要国で同じだと確認されています。

　ただ，「自分の利益」と「相手の負担」のどちらを重視するかは，国や文化により異なります。欧米では「自分の利益」が重視されていたのに対し，かつて私が論文発表した研究では，日本では「相手の負担」が重視されていました。

　個人主義ではなく集団主義の日本では，まず集団があって自分がいるので，互いに自分を譲って相手を立てます。そんな相手に何かしてもらえば「大変な思いをさせてしまった」という気持ちが先に来ます。だから日本人は，こうした場面で「すみません」「申し訳ありません」と，(2)謝罪の言葉で対応することが多いのです。

　ただ，感謝を示すのに「すみません」を繰り返していると「相手に迷惑ばかりかけている」という気持ちが募り，心の重荷が増えていきます。どうすればいいか。感謝したい場面では，きちんと「ありがとう」と言いませんか。「ありがとう」という感情を相手に伝えることで，満足感や自尊心が高まることもわかっています。

　感謝を伝えるのは本来ポジティブな場面です。「すみません」とネガティブに自分を下げず，「ありがとう」と言ってポジティブを体験することが大事です。行動を習慣化すると，いずれその行動が人格に影響を与える。そうした心理学の考え方の実践で，心の負担を減らせ，周囲にも自分の心にも変化があるはずです。

（相川充「論の芽」朝日新聞2022年6月3日）

問1　下線部(1)「これ」とありますが，どんなことを指していますか。　　　23

1．他人に何かしてもらうと，ありがたいとか申し訳ない以外の気持ちが起こること
2．自分の得た利益が大きい場合に，うれしいとか助かったという気持ちになること
3．相手が費やした時間などの負担が大きくなれば，自分の利益が大きくなること
4．自分の利益と相手の負担の大きさの合計が相手への気持ちの大きさになること

問2　下線部(2)「謝罪の言葉で対応することが多い」とありますが，それはどうしてですか。
　　　24

1．満足感や自尊心が高まるから
2．自分の利益が重視されることが多いから
3．相手の負担が重視されることが多いから
4．実際に相手に迷惑ばかりかけているから

問3　この文章で筆者が最も言いたいことはどれですか。　　　25

1．「すみません」より「ありがとう」と言うほうが，自分の心によい影響を与える。
2．ポジティブな気持ちになれば，自然に自分の利益を重視できるようになる。
3．心の重荷が増えていくので，相手に迷惑をかけないようにするべきだ。
4．「ありがとう」と「すみません」を一緒に使うことで，感謝の気持ちがよく伝わる。

─── このページには問題はありません。───

聴読解問題

説明

　聴読解問題は，問題冊子に書かれていることを見ながら，音声を聴いて答える問題です。

　<u>問題は一度しか聴けません。</u>

　それぞれの問題の最初に，「ポーン」という音が流れます。これは，「これから問題が始まります」という合図です。

　問題の音声の後，「ポーン」という，最初の音より少し低い音が流れます。これは，「問題はこれで終わりです。解答を始めてください」という合図です。

　選択肢１，２，３，４の中から答えを一つだけ選び，聴読解の解答欄にマークしてください。

　１番の前に，一度，練習をします。

聴読解問題

練習

　学生がコンピュータの画面を見ながら先生の説明を聞いています。学生は今，画面のどの項目を選べばいいですか。

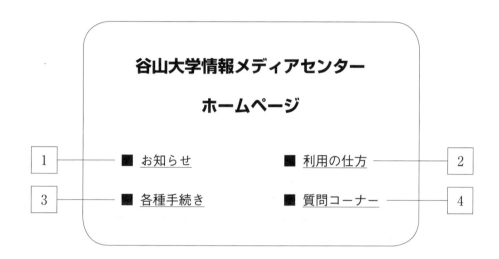

1番

試験問題として成立していますが，
出版上の都合により本問題の掲載はいたしません。

2番

　先生が，生物学の授業で，魚類の回遊について話しています。この先生が最後にする質問の答えはどれですか。 2

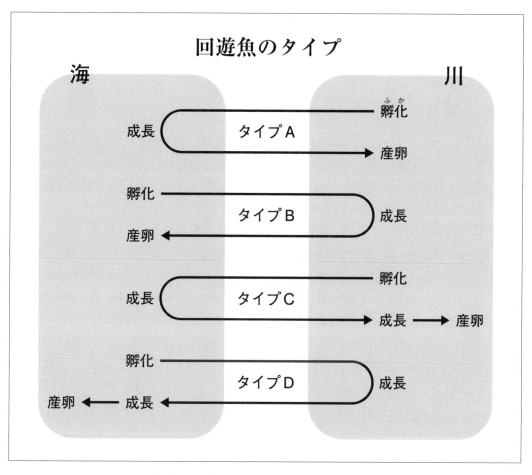

（塚本勝巳『世界で一番詳しい　ウナギの話』飛鳥新社　を参考に作成）

1．A

2．B

3．C

4．D

3番

　経済学の先生が，労働時間と費用の関係について話しています。この先生の話によると，この図の場合，最善の労働時間はどこになりますか。　　3

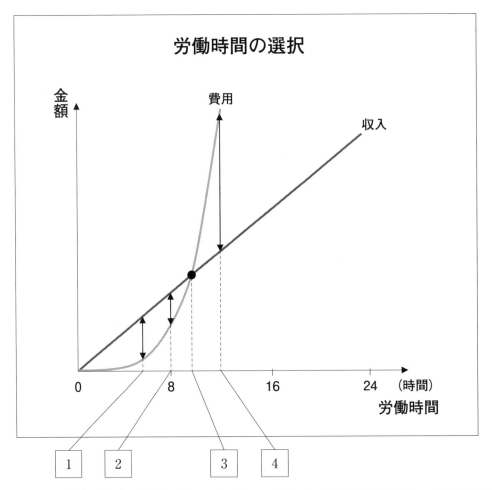

（安藤至大『これだけは知っておきたい　働き方の教科書』筑摩書房　を参考に作成）

4番

　先生が，統計学の授業で，バイアスについて話しています。この先生が最後に挙げる例はどのバイアスにあてはまりますか。　　　　　　　　　　　　　4

バイアスの種類とその発生原因

バイアスの種類	発生原因
A　情報バイアス	集めた情報が正しくない
B　選択バイアス	調査対象に偏りがある
C　交絡バイアス	原因や結果に関わるが，調査対象としていなかった別の要因が，実は関係している

（中山健夫『京大医学部の最先端授業！「合理的思考」の教科書』すばる舎　を参考に作成）

1．A
2．B
3．C
4．AとB

5番

　建築工学の先生が，トンネルの傾斜について説明しています。この先生が最後に説明している地下鉄のトンネルは，どのような傾斜で掘られますか。　　　　　　　　　⏹ **5**

トンネルの断面図

〔 ➡ トンネルを掘り進める方向 〕

1.
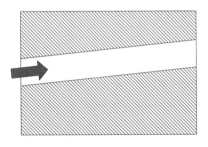

2.
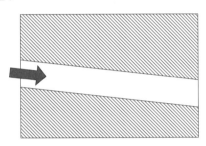

3.
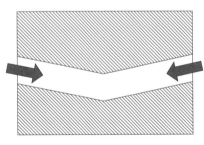

4.
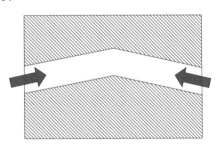

（土門剛他『トコトンやさしい　トンネルの本』日刊工業新聞社　を参考に作成）

6番

　男子学生と女子学生が，心理学の講義資料を見ながら話しています。この男子学生の話によると，「媒介の最大化」とは，この例ではどのようなことですか。　6

表1：どちらの課題を選びますか？

	困難度	報酬
課題A	低い	バニラ アイスクリーム
課題B	高い	ピスタチオ アイスクリーム

表2：どちらの課題を選びますか？

	困難度	もらえるポイント		ポイントと交換できるもの
課題A	低い	60	60	バニラ アイスクリーム
課題B	高い	100	100	ピスタチオ アイスクリーム

（友野典男『行動経済学』光文社　を参考に作成）

1．ポイントが重視されること
2．課題の困難度が重視されること
3．自分の好みが重視されること
4．一般的な傾向が重視されること

7番

　先生が，アサギマダラというチョウの幼虫について話しています。この先生の話によると，この幼虫は，どのように葉を食べますか。　　　　　　　　　　　7

　　※　✕印は幼虫が嚙んだところ，葉がなくなっている部分は食べたところを示す

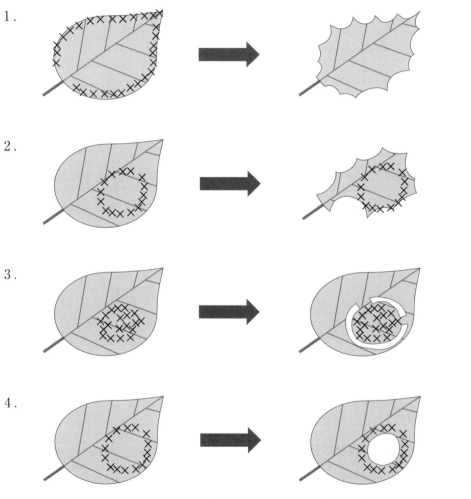

（栗田昌裕『謎の蝶アサギマダラはなぜ海を渡るのか？』PHP研究所　を参考に作成）

8番

　先生が，スポーツ科学の授業で，幼稚園での運動指導の効果について話しています。この先生の話の内容をグラフに表すとどうなりますか。　　　　8

1.
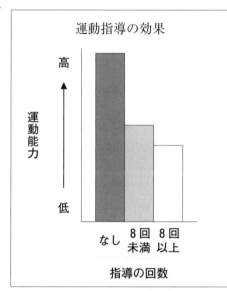

2.
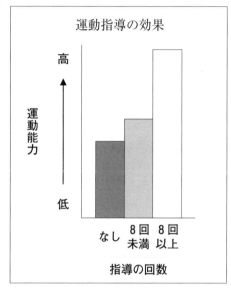

3.
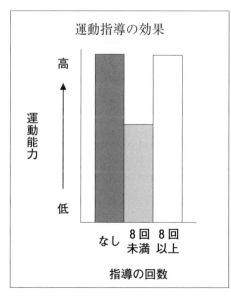

4.
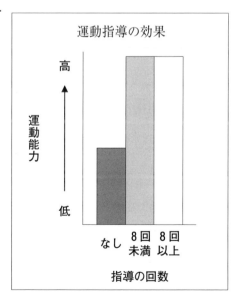

（杉原隆他「幼児の運動能力と運動指導ならびに性格との関係」『体育の科学』第60巻第5号　杏林書院　を参考に作成）

9番

　先生が，物を乾燥させる方法について説明しています。この先生が最後にする質問の答えはどれですか。 9

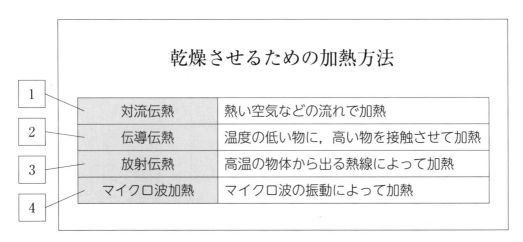

（立元雄治他『トコトンやさしい　乾燥技術の本』日刊工業新聞社　を参考に作成）

10番

　先生が，資料のデザインについて話しています。この先生のアドバイスどおりに直すとグラフはどうなりますか。　　　　　　　　　　　　　　　10

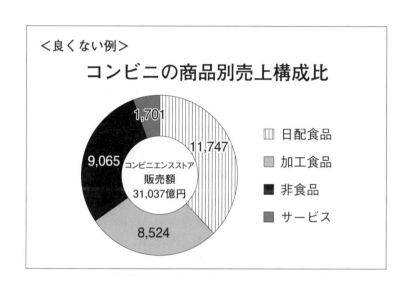

1.

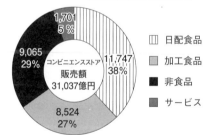

2.

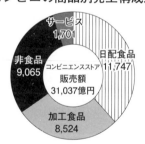

3.

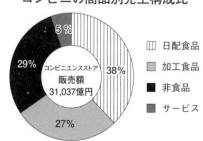

4.

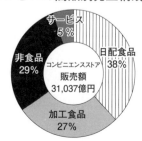

（ARENSKI編著『刺さるデザインの5つの法則』日貿出版社　を参考に作成）

11番

　先生が，消費行動プロセスについて話しています。この先生が最近の「持たない消費」のメリットとして述べているのは，「これまでの消費」のどの行動に関することですか。

11

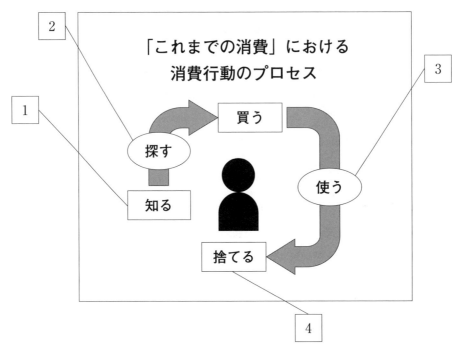

（髙橋広行「第１章「持たない消費」とそれを取り巻く環境」

　髙橋広行他編著『「持たない時代」のマーケティング』同文舘出版　を参考に作成）

12番

先生が生物学の授業で，シジュウカラという鳥の鳴き声について話しています。この先生が行った実験で，図の2種類の鳴き声を，最初とは逆の順序で聞いたシジュウカラはどのような行動をとりましたか。　12

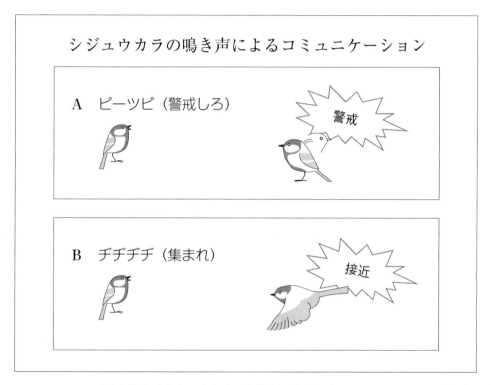

（鈴木俊貴「小鳥の鳴き声にも単語や文法がある!?　シジュウカラ語・大研究」
匂坂克久編『milsil』通巻76号　国立科学博物館　を参考に作成）

1．鳴き声のほうに近づくが，周りを警戒しない。
2．鳴き声のほうに近づいてから周りを警戒する。
3．周りを警戒しながら鳴き声のほうに近づく。
4．周りを警戒せず，鳴き声のほうに近づかない。

——— このページには問題はありません。———

聴解問題

説明

聴解問題は，音声を聴いて答える問題です。問題も選択肢もすべて音声で示されます。問題冊子には，何も書かれていません。

<u>問題は一度しか聴けません。</u>

このページのあとに，メモ用のページが３ページあります。音声を聴きながらメモをとるのに使ってもいいです。

聴解の解答欄には，『正しい』という欄と『正しくない』という欄があります。選択肢１，２，３，４の一つ一つを聴くごとに，正しいか正しくないか，マークしてください。正しい答えは一つです。

一度，練習をします。

この問題冊子を持ち帰ることはできません。

－ メ モ －

理　科

（８０分）

【物理・化学・生物】

※　3科目の中から，<u>2科目を選んで</u>解答してください。

※　<u>1科目</u>を解答用紙の表面に解答し，<u>もう1科目</u>を裏面に解答してください。

Ⅰ　試験全体に関する注意

1．係員の許可なしに，部屋の外に出ることはできません。

2．この問題冊子を持ち帰ることはできません。

Ⅱ　問題冊子に関する注意

1．試験開始の合図があるまで，この問題冊子の中を見ないでください。

2．試験開始の合図があったら，下の欄に，受験番号と名前を，受験票と同じように記入してください。

3．各科目の問題は，以下のページにあります。

科目	ページ
物理	1　～　21
化学	23　～　39
生物	41　～　55

4．足りないページがあったら，手をあげて知らせてください。

5．問題冊子には，メモや計算などを書いてもいいです。

Ⅲ　解答用紙に関する注意

1．解答は，解答用紙に鉛筆（ＨＢ）で記入してください。

2．各問題には，その解答を記入する行の番号　**1**　,　**2**　,　**3**　,　…がついています。解答は，解答用紙（マークシート）の対応する解答欄にマークしてください。

3．解答用紙に書いてある注意事項も必ず読んでください。

※　試験開始の合図があったら，必ず受験番号と名前を記入してください。

受験番号			＊				＊						
名　　前													

物理

$\boxed{\text{I}}$　次の問い **A**（問1），**B**（問2），**C**（問3），**D**（問4），**E**（問5），**F**（問6）に答えなさい。ただし，重力加速度の大きさを g とし，空気の抵抗は無視できるものとする。

A　次の図のように，長さ 1.2 m，重さ 10 N の一様な細い棒を，棒の左端に付けた糸1 と，右端に付けた糸2で水平につるした。さらに，棒の左端から 0.3 m の点に付けた 糸3で重さ W のおもりをつるした。このとき，棒は水平なままで，すべての糸は鉛 直であり，棒とおもりは静止した。糸2の張力は 20 N であった。すべての糸の質量 は無視できる。

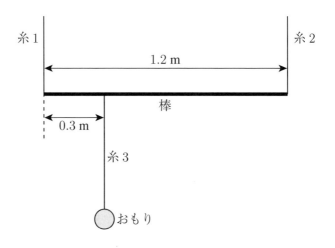

問1　W は何 N か。最も適当な値を，次の①～⑥の中から一つ選びなさい。　$\boxed{1}$ N

①　30　　　②　40　　　③　50　　　④　60　　　⑤　70　　　⑥　80

B　次の図は，一直線上を運動する物体の速度 v と時刻 t の関係を示したグラフである。

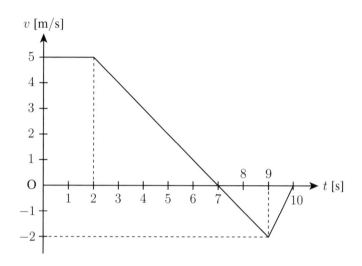

問2　$t = 0\,\mathrm{s}$ から $t = 10\,\mathrm{s}$ の間の物体の変位は何 m か。最も適当な値を，次の①〜⑤の中から一つ選びなさい。　　　　　　　　　　　　　　$\boxed{2}$ m

①　17.5　　　②　19.5　　　③　21.5　　　④　23.5　　　⑤　25.5

C 　質量 5.0 kg の小物体が速さ 4.0 m/s で直線運動している。この小物体に，小物体の速度の向きに力を加えた。次の図は，加えた力の大きさ F と，力を加え始めてからの小物体の変位 x の関係を示したグラフである。

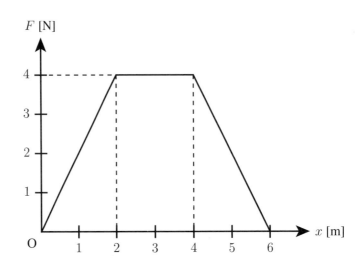

問3　$x = 6.0$ m のときの小物体の運動エネルギーは何 J か。最も適当な値を，次の①〜⑤の中から一つ選びなさい。　　**3** J

①　50　　　　②　52　　　　③　54　　　　④　56　　　　⑤　58

D 摩擦のない水平面上で，静止していた1つの小物体が，質量 m の小物体と質量 M の小物体に分裂した。分裂の直後，質量 m の小物体の速さは v，運動エネルギーは e であり，質量 M の小物体の速さは V，運動エネルギーは E であった。

問4　$\dfrac{v}{V}$ はどのように表されるか。また，$\dfrac{e}{E}$ はどのように表されるか。正しい組み合わせを，次の①〜⑧の中から一つ選びなさい。　　　$\boxed{4}$

	①	②	③	④	⑤	⑥	⑦	⑧
$\dfrac{v}{V}$	$\dfrac{m}{M}$	$\dfrac{m}{M}$	$\dfrac{m}{M}$	$\dfrac{m}{M}$	$\dfrac{M}{m}$	$\dfrac{M}{m}$	$\dfrac{M}{m}$	$\dfrac{M}{m}$
$\dfrac{e}{E}$	$\dfrac{m}{M}$	$\dfrac{m^2}{M^2}$	1	$\dfrac{M}{m}$	$\dfrac{M}{m}$	$\dfrac{M^2}{m^2}$	1	$\dfrac{m}{M}$

E　図1のように，ばね定数 k のばねを使って，質量 m のおもりを天井からつるした。ばねが自然長になる位置からおもりを静かにはなしておもりを単振動させた。このとき，おもりの単振動の振動数は f_0，振幅は A_0 であった。次に，図2のように，ばね定数 k の同じばね2本を並列につないだものを使って，質量 $3m$ のおもりを天井からつるした。ばねが自然長になる位置からおもりを静かにはなして，おもりを単振動させた。このとき，おもりの単振動の振動数は f_1，振幅は A_1 であった。すべてのばねの質量は無視できる。

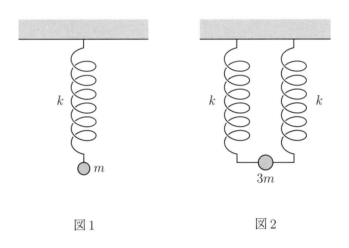

図1　　　　　　　　図2

問5　$\dfrac{f_1}{f_0}$ はいくらか。また，$\dfrac{A_1}{A_0}$ はいくらか。正しい組み合わせを，次の①～④の中から一つ選びなさい。　　$\boxed{5}$

	①	②	③	④
$\dfrac{f_1}{f_0}$	$\sqrt{\dfrac{2}{3}}$	$\sqrt{\dfrac{2}{3}}$	$\sqrt{\dfrac{3}{2}}$	$\sqrt{\dfrac{3}{2}}$
$\dfrac{A_1}{A_0}$	$\dfrac{2}{3}$	$\dfrac{3}{2}$	$\dfrac{2}{3}$	$\dfrac{3}{2}$

F　月の中心と地球の中心の間の距離は，地球の半径の約 60 倍である。月の中心が地球の中心を中心として周期約 27 日の等速円運動をしているものとする。ある人工衛星が，地球の中心を中心として，地球の半径の 5.0 倍の半径で等速円運動をしている。

問6　この人工衛星の等速円運動の周期は何時間（h）か。最も適当な値を，次の①〜⑥の中から一つ選びなさい。　　　　　　　　　　　　　　　　　 **6** h

　　①　1.5　　　②　3.0　　　③　15　　　④　30　　　⑤　150　　　⑥　300

II   次の問い A（問1），B（問2），C（問3）に答えなさい。

A   次の図のように，断熱材で囲まれた熱容量 120 J/K の容器がある。この容器に，質量 400 g の水を入れたところ，じゅうぶん時間がたった後，容器と水の温度がともに 13 ℃ になった。さらに，この容器の中に，温度 90 ℃，質量 200 g の金属球を入れたところ，じゅうぶん時間がたった後，容器，水，金属球の温度がすべて 20 ℃ になった。水の比熱を 4.2 J/(g・K) とし，熱は容器，水，金属球の間だけを移動するものとする。この金属球は，金，銀，銅，鉄，アルミニウムのいずれかの物質でできている。それぞれの物質の比熱は下の表で与えられるものとする。

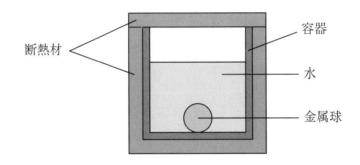

物質	金	銀	銅	鉄	アルミニウム
比熱 [J/(g・K)]	0.13	0.24	0.39	0.45	0.90

問1   この金属球はどの物質でできているか。最も適当なものを，次の①～⑤の中から一つ選びなさい。   7

① 金   ② 銀   ③ 銅   ④ 鉄   ⑤ アルミニウム

B　次の図のように，なめらかに動くピストンがついたシリンダー内に理想気体を閉じ込める。シリンダーは熱をよく通す。シリンダー内の理想気体の圧力は大気の圧力に等しく，その絶対温度は大気の絶対温度に等しい。地上で大気の圧力が $p_0 = 1000 \, \text{hPa}$（$1 \, \text{hPa} = 10^2 \, \text{Pa}$），大気の絶対温度が $T_0 = 300 \, \text{K}$ のとき，シリンダー内の気体の体積は V_0 であった。このシリンダーを気球にのせてゆっくりと上空に運んだとき，ある高度でシリンダー内の気体の体積は $V_1 = 1.30 V_0$ であった。この高度における大気の圧力は p_1 であり，大気の絶対温度は $T_1 = 286 \, \text{K}$ であった。シリンダーは水平に保たれている。

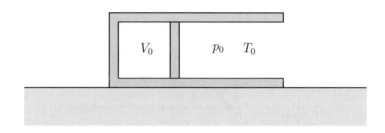

問2　p_1 は何 hPa か。最も適当な値を，次の①〜⑥の中から一つ選びなさい。　**8**　hPa

①　690　　②　710　　③　730　　④　750　　⑤　770　　⑥　790

C　一定量の理想気体をなめらかに動くピストンでシリンダー内に閉じ込め，その状態を次のp–V図のように，状態A→状態B→状態C→状態Aと変化させた。この状態変化の過程で，気体が外部にした仕事はWであった。

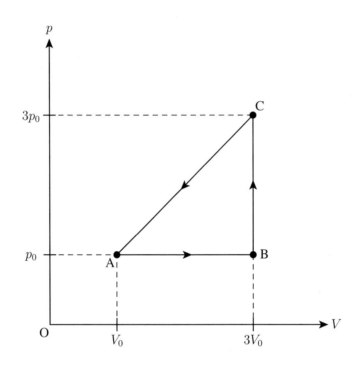

問3　Wはどのように表されるか。正しいものを，次の①～⑥の中から一つ選びなさい。

9

① $2p_0V_0$　　　　　② $4p_0V_0$　　　　　③ $6p_0V_0$

④ $-2p_0V_0$　　　　⑤ $-4p_0V_0$　　　　⑥ $-6p_0V_0$

III　次の問い **A**（問1），**B**（問2），**C**（問3）に答えなさい。

A　　x 軸上を速さ 0.1 m/s で正の向きに進む正弦波がある。次の図は，原点 $x = 0$ m の位置における媒質の変位 y と時刻 t の関係を示したグラフである。

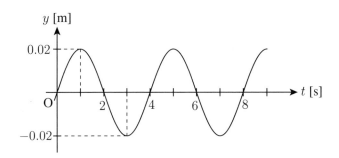

問1　時刻 $t = 0$ s のときの媒質の変位 y と位置 x の関係を示すグラフはどうなるか。正しいものを，次の①〜④の中から一つ選びなさい。　**10**

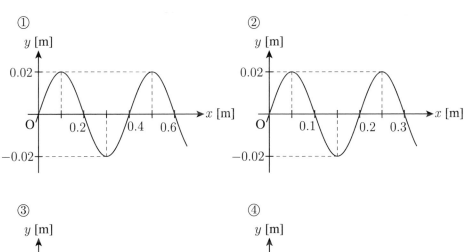

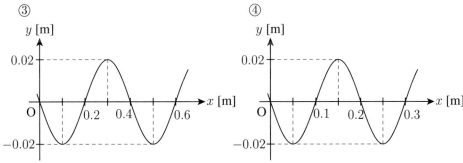

B　次の図のように，等しい振動数 f_0 の音を出す 2 つの音源 A，B と静止した観測者 O が一直線上に並んでいる。A は直線上を速さ v で O に近づいていて，B は直線上を速さ $2v$ で O から遠ざかっている。このとき，O は単位時間あたりの回数が f のうなりを観測した。音の速さを V とする。v は V よりじゅうぶん小さい。

問 2　$\dfrac{f}{f_0}$ はどのように表されるか。最も適当なものを，次の①～④の中から一つ選びなさい。　　　　　　　　　　　　　　　　　　　　　　　　　　　　　　　　　　11

① $\dfrac{vV}{(V+v)(V-2v)}$　　　　　　② $\dfrac{vV}{(V-v)(V+2v)}$

③ $\dfrac{3vV}{(V+v)(V-2v)}$　　　　　　④ $\dfrac{3vV}{(V-v)(V+2v)}$

C ガラス（絶対屈折率 $n_{\mathrm{g}} = 1.5$）の表面に，厚さ d の薄膜（絶対屈折率 $n_{\mathrm{f}} = 1.4$）が均一に広がっている。次の図のように，空気（絶対屈折率 $n_{\mathrm{a}} = 1.0$）の中から，空気中での波長が 560 nm の単色光が薄膜の上面に垂直に入射した。このとき，薄膜の上面で反射される光線 A と，薄膜の上面を透過して下面で反射する光線 B が干渉して弱めあい，反射光が暗くなった。光線 A が反射されるときの光の位相の変化を θ_{A} とし，光線 B が反射されるときの光の位相の変化を θ_{B} とする。

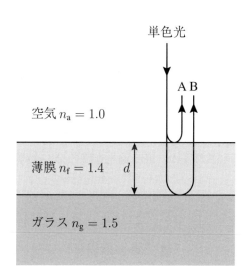

問3　θ_{A} と θ_{B} の値はそれぞれ 0 か π か。また，d は何 nm か。最も適当な組み合わせを，次の①～⑧の中から一つ選びなさい。　**12**

	①	②	③	④	⑤	⑥	⑦	⑧
θ_{A}	0	0	0	0	π	π	π	π
θ_{B}	0	0	π	π	0	0	π	π
d (nm)	100	200	100	200	100	200	100	200

IV 次の問い **A**（問1），**B**（問2），**C**（問3），**D**（問4），**E**（問5），**F**（問6）に答えなさい。

A 次の図のように，x 軸上の原点（$x=0$）の位置に電気量 $2Q$（$Q>0$）の点電荷を，$x=a$（$a>0$）の位置に電気量 $-Q$ の点電荷をそれぞれ固定する。このとき，2つの点電荷によって x 軸上の $x=d$ の位置に生じる電場の強さが0になった。

問1 d はどのように表されるか。最も適当なものを，次の①～⑤の中から一つ選びなさい。 **13**

① $-a$ ② $(2-\sqrt{2})a$ ③ $\dfrac{2}{3}a$

④ $2a$ ⑤ $(2+\sqrt{2})a$

B 次の図のように，電気量 Q（> 0）をもつ点電荷が原点Oに固定されている。図中のOを中心とした3つの同心円（半径 $2R$, $3R$, $4R$）は，Oを含む平面（紙面）内の等電位線になっている。電気量 q（> 0）の点電荷に外力を加えて，この点電荷を図中の経路（点A → 点B → 点C）に沿ってゆっくりと移動させた。この過程で外力がこの点電荷にした仕事は W であった。クーロンの法則の比例定数を k とする。

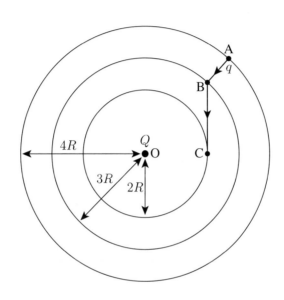

問2　W はどのように表されるか。正しいものを，次の①～⑥の中から一つ選びなさい。

14

① $\dfrac{1}{4}\dfrac{kqQ}{R}$　　② $\dfrac{1}{3}\dfrac{kqQ}{R}$　　③ $\dfrac{5}{12}\dfrac{kqQ}{R}$

④ $-\dfrac{1}{4}\dfrac{kqQ}{R}$　　⑤ $-\dfrac{1}{3}\dfrac{kqQ}{R}$　　⑥ $-\dfrac{5}{12}\dfrac{kqQ}{R}$

C　次の図のように，起電力 V の電池，抵抗，電気容量 C のコンデンサー，電気容量 $2C$ のコンデンサー，電気容量 $3C$ のコンデンサー，スイッチ S を接続した。最初，S は開いていて，3 つのコンデンサーに電荷は蓄えられていなかった。次に，S を閉じたところ，じゅうぶん時間がたった後，電気容量 $2C$ のコンデンサーに加わる電圧が V_1 になった。

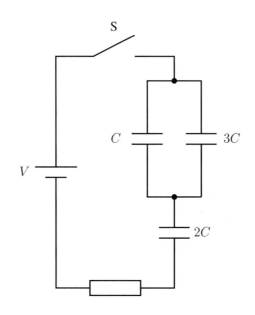

問3　$\dfrac{V_1}{V}$ はいくらか。最も適当な値を，次の①～⑥の中から一つ選びなさい。　　15

①　$\dfrac{1}{3}$　　②　$\dfrac{2}{5}$　　③　$\dfrac{1}{2}$　　④　$\dfrac{3}{5}$　　⑤　$\dfrac{2}{3}$　　⑥　$\dfrac{3}{4}$

D　図1のように，抵抗値 R の抵抗，抵抗値 $2R$ の抵抗，起電力 V の電池を直列に接続した。この回路の2つの抵抗の消費電力の合計を P_1 とする。次に，図2のように，これらの2つの抵抗と電池を並列に接続した。この回路の2つの抵抗の消費電力の合計を P_2 とする。電池の内部抵抗は無視できるものとする。

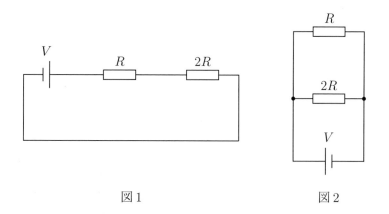

図1　　　　　　　　　　　図2

問4　$\dfrac{P_2}{P_1}$ はいくらか。最も適当な値を，次の①～⑧の中から一つ選びなさい。　16

①　$\dfrac{2}{9}$　　　　②　$\dfrac{4}{9}$　　　　③　$\dfrac{2}{3}$　　　　④　$\dfrac{3}{4}$

⑤　$\dfrac{4}{3}$　　　　⑥　$\dfrac{3}{2}$　　　　⑦　$\dfrac{9}{4}$　　　　⑧　$\dfrac{9}{2}$

E 次の図のように，距離 $4r$ だけ離れた平行な 2 本のじゅうぶんに長い直線導線が紙面内に固定されている。左側の導線には下向きに大きさ I の電流が，右側の導線には上向きに大きさ I の電流がそれぞれ流れている。2 本の導線から等しい距離（$2r$）にある紙面内の点 O を中心として，紙面内に半径 r の円形コイルを固定した。円形コイルに大きさ I_1 の電流をある向きに流したところ，O において，3 つの電流による磁場の強さが 0 になった。

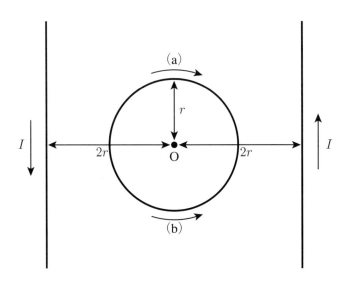

問5　$\dfrac{I_1}{I}$ はいくらか。また，円形コイルに流した電流の向きは，図の中に矢印で示した (a)（時計回り）か (b)（反時計回り）か。最も適当な組み合わせを，次の①〜⑧の中から一つ選びなさい。　**17**

	①	②	③	④	⑤	⑥	⑦	⑧
$\dfrac{I_1}{I}$	$\dfrac{1}{2\pi}$	$\dfrac{1}{2\pi}$	$\dfrac{1}{\pi}$	$\dfrac{1}{\pi}$	π	π	2π	2π
向き	(a)	(b)	(a)	(b)	(a)	(b)	(a)	(b)

F　次の図のように，長方形の回路 $P_1P_2Q_2Q_1$ が水平面（紙面）内に固定されている。辺 P_1Q_1 と辺 P_2Q_2 の長さは a である。辺 P_1Q_1 には抵抗値 R_1 の抵抗が，辺 P_2Q_2 には抵抗値 R_2 の抵抗がそれぞれ接続されている。辺 P_1P_2 と辺 Q_1Q_2 の間には，導体棒が辺 P_1P_2，辺 Q_1Q_2 と垂直に置かれている。導体棒と辺 P_1P_2 の接点を S，導体棒と辺 Q_1Q_2 の接点を T とする。導体棒は S と T で回路と電気的に接触している。この回路と導体棒を含む領域には，鉛直上向き（紙面の裏から表の向き）に磁束密度の大きさ B の一様な磁場が加えられている。導体棒を，辺 P_1P_2，辺 Q_1Q_2 と垂直な状態を保ちながら，右向きに一定の速さ v で辺 P_1P_2，辺 Q_1Q_2 の上を滑らせたところ，導体棒の S と T の間に大きさ I の電流がある向きに流れた。回路中の 2 つの抵抗以外の電気抵抗は無視できるものとする。

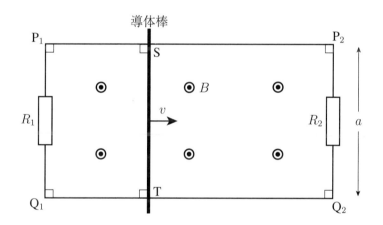

問 6　I はどのように表されるか。また，導体棒の S と T の間を流れる電流の向きは S→T の向きか，T→S の向きか。正しい組み合わせを，次の①～④の中から一つ選びなさい。　**18**

	①	②	③	④
I	$\dfrac{Bav}{R_1+R_2}$	$\left(\dfrac{1}{R_1}+\dfrac{1}{R_2}\right)Bav$	$\dfrac{Bav}{R_1+R_2}$	$\left(\dfrac{1}{R_1}+\dfrac{1}{R_2}\right)Bav$
向き	S→T	S→T	T→S	T→S

V   次の問い **A**（**問1**）に答えなさい。

A   質量数 A で原子番号 Z の原子核 X は $_Z^A$X と表示される。トリチウムは陽子1個と中性子2個の原子核をもつ水素原子の放射性同位体で，その原子核はベータ線を出して，半減期12.3年で安定な原子核 a に変化する。

問1   上の文中の a に入る原子核は何か。最も適当なものを，次の①～⑥の中から一つ選びなさい。   **19**

① $_1^2$H   ② $_1^3$H   ③ $_2^3$He   ④ $_2^4$He   ⑤ $_3^3$Li   ⑥ $_3^4$Li

物理の問題はこれで終わりです。解答欄の $\boxed{20}$ ～ $\boxed{75}$ はマークしないでください。
解答用紙の科目欄に「物理」が正しくマークしてあるか，もう一度確かめてください。

この問題冊子を持ち帰ることはできません。

化学

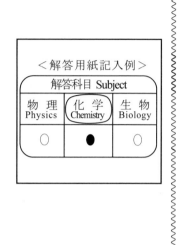
気体は,ことわりがない限り,理想気体（ideal gas）として扱うものとする。

計算には次の数値を用いること。また,体積の単位リットル（liter）はLで表す。

標準状態（standard state）： 0 ℃, 1.01×10^5 Pa（1 atm）

　標準状態における理想気体のモル体積（molar volume）： 22.4 L/mol

気体定数（gas constant）： $R = 8.31 \times 10^3$ Pa·L/(K·mol)

アボガドロ定数（Avogadro constant）： $N_A = 6.02 \times 10^{23}$ /mol

ファラデー定数（Faraday constant）： $F = 9.65 \times 10^4$ C/mol

原子量（atomic weight）： H：1.0　　C：12　　N：14　　O：16　　Na：23

この試験における元素（element）の族（group）と周期（period）の関係は下の周期表（periodic table）の通りである。ただし,**H**以外の元素記号は省略してある。

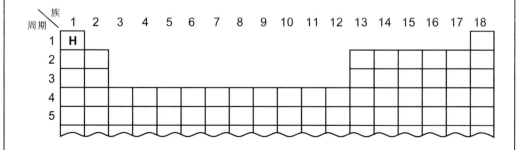

問1　次の **A**～**C** にあてはまる数を大きい順に並べたものとして正しいものを，下の①～⑥の中から一つ選びなさい。　　　　　　　　　　　　　　　　　　　　　　　1

A　^{19}F の陽子（proton）の数

B　^{23}Na の中性子（neutron）の数

C　^{27}Al^{3+}の電子（electron）の数

①　**A** > **B** > **C**　　②　**A** > **C** > **B**　　③　**B** > **A** > **C**
④　**B** > **C** > **A**　　⑤　**C** > **A** > **B**　　⑥　**C** > **B** > **A**

問2　原子とそのイオン（ion）の大きさに関する次の記述①～⑤のうち，正しいものを一つ選びなさい。　　　　　　　　　　　　　　　　　　　　　　　　　　　　　2

①　Li$^+$は，Li 原子より大きい。

②　Al 原子は，Al^{3+}より小さい。

③　O^{2-}は，O 原子より小さい。

④　Ca^{2+}は，Ca 原子より小さい。

⑤　I 原子は，I$^-$より大きい。

問3　次の分子 **a**〜**c** のそれぞれがもつ非共有電子対（unshared electron pair）の数を大きい方から順に並べたものとして正しいものを，下の①〜⑥の中から一つ選びなさい。　**3**

　　　　　　　a　CO_2　　　　**b**　H_2S　　　　**c**　PH_3

① 　**a ＞ b ＞ c**　　　② 　**a ＞ c ＞ b**　　　③ 　**b ＞ a ＞ c**

④ 　**b ＞ c ＞ a**　　　⑤ 　**c ＞ a ＞ b**　　　⑥ 　**c ＞ b ＞ a**

問4　次の分子①〜⑥のうち，構成する原子のすべてが同一平面上（in the same plane）にある極性分子（polar molecule）を，一つ選びなさい。　**4**

①　アンモニア　NH_3

②　ベンゼン　C_6H_6

③　二酸化炭素　CO_2

④　アセチレン　C_2H_2

⑤　シアン化水素　HCN

⑥　テトラクロロメタン　CCl_4

問5　次に示す二つの水溶液 **A** と **B** がある。

A　モル濃度（molar concentration）が 6.0 mol/L の水酸化ナトリウム水溶液（NaOH aq）。
　　密度（density）は 1.2 g/mL とする。

B　質量パーセント濃度（mass percent concentration）が 10 %の水酸化ナトリウム水溶液。

　　A 150 mL と，**B** 120 g を混合すると，水酸化ナトリウム水溶液の質量パーセント濃度は何%になるか。最も近い値を次の①～⑤の中から一つ選びなさい。　　**5**　%

① 12　　　② 16　　　③ 18　　　④ 32　　　⑤ 40

問6　pH に関する次の記述 **A**～**D** の正誤の組み合わせとして正しいものを，下表の①～⑥の中から一つ選びなさい。　　　　　　　　　　　　　　　　　　　　　　　6

A　酸（acid）の水溶液を塩基（base）の水溶液で中和（neutralization）すると，酸と塩基の種類にかかわらず pH 7.0 の水溶液ができる。

B　0.10 mol/L 酢酸水溶液 CH_3COOH aq の pH は，0.10 mol/L 塩酸 HCl aq の pH より大きい。

C　pH 3.0 の水溶液は，pH 1.0 の水溶液に比べて OH^- の濃度が 100 倍大きい。

D　pH 6.0 の水溶液を純水（pure water）で 100 倍に薄めると，pH 8.0 の水溶液になる。

	A	B	C	D
①	正	正	正	正
②	誤	誤	正	誤
③	正	誤	誤	正
④	誤	正	正	誤
⑤	正	誤	正	誤
⑥	誤	正	誤	正

問7　次の反応①～⑤のうち，水が酸化剤（oxidizing agent）としてはたらいているものを，
一つ選びなさい。　　　　　　　　　　　　　　　　　　　　　　　　　　　　　　　　 7

① $CaC_2 + 2 H_2O \longrightarrow Ca(OH)_2 + C_2H_2$

② $C_2H_4 + H_2O \xrightarrow{\text{触媒 (catalyst)}} C_2H_5OH$

③ $2 Na + 2 H_2O \longrightarrow 2 NaOH + H_2$

④ $CaO + H_2O \longrightarrow Ca(OH)_2$

⑤ $SO_2 + H_2O \longrightarrow H_2SO_3$

問 8　次の図は水の状態図（phase diagram）である。I〜III の各領域は気体，液体，固体の
いずれかを表している。

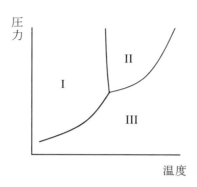

　　次の記述 **a〜c** で示した現象は，上の図のどの状態からどの状態への変化に対応するか。最も適当な組み合わせを，下表の①〜⑧の中から一つ選びなさい。　**8**

a　水を加熱すると，沸騰（boiling）して水蒸気（water vapor）になる。

b　氷を冷凍庫（freezer）の中で放置すると，小さくなる。

c　冷たい飲料（beverage）をコップ（glass）に入れると，外側（outside）に水滴がつく。

	a	**b**	**c**
①	I → II	I → III	II → III
②	I → II	II → III	III → II
③	I → III	III → I	II → III
④	II → III	I → II	I → III
⑤	II → III	I → III	III → II
⑥	II → III	II → I	III → I
⑦	III → I	III → II	II → I
⑧	III → II	I → III	II → III

問9 アセチレン C_2H_2 の燃焼（combustion）の熱化学方程式（thermochemical equation）は，次のように表せる。

$$C_2H_2(気) + \frac{5}{2}O_2(気) = 2CO_2(気) + H_2O(液) + 1301 \text{ kJ}$$

アセチレンの生成熱（heat of formation）は何 kJ/mol か。最も近い値を次の①～⑥の中から一つ選びなさい。ただし，黒鉛 C および水素 H_2 の燃焼熱（heat of combustion）をそれぞれ 394 kJ/mol，286 kJ/mol とする。 　9　 kJ/mol

①　－454　　②　－227　　③　－123　　④　123　　⑤　227　　⑥　454

問 10 酸化アルミニウム Al_2O_3 を氷晶石（cryolite）Na_3AlF_6 存在下に，高温で炭素電極（carbon electrode）を用いて溶融塩（融解塩）電解（molten salt electrolysis）を行った。陽極（anode）では炭素電極の炭素 C が O^{2-} と反応して，CO と CO_2 がそれぞれ 0.60 mol, 3.0 mol 生成した。このとき陰極（cathode）では金属アルミニウム Al は何 mol 得られたか。最も近い値を，次の①〜⑥の中から一つ選びなさい。　　$\boxed{10}$ mol

① 1.2　　② 2.8　　③ 3.6　　④ 4.4　　⑤ 8.4　　⑥ 13.2

問 11　アルミニウム Al と鉄 Fe の両方にあてはまる記述として正しいものを，次の①～⑤の中から一つ選びなさい。　　　　　　　　　　　　　　　　　　　　　　　　　11

①　どちらの元素も遷移元素（transition element）である。

②　どちらの金属も酸化物（oxide）を一酸化炭素 CO で還元（reduction）してつくられる。

③　どちらの元素も化合物中で＋2 の酸化数（oxidation number）をとる。

④　どちらの金属も濃硝酸 conc. HNO₃ とほとんど反応しない。

⑤　どちらの金属も水酸化ナトリウム水溶液 NaOH aq と反応し，水素 H₂ を発生して溶ける。

問 12　ハロゲン（halogen）に関する次の記述 **a**～**d** の中に，正しいものが二つある。その組み合わせを，下の①～⑥の中から一つ選びなさい。　　　　　　　　　　12

a　フッ素 F₂ は水と反応して，酸素 O₂ を発生する。

b　ハロゲン化水素（hydrogen halide）の沸点（boiling point）の中では，フッ化水素 HF が最も低い。

c　臭素 Br₂ は，室温（room temperature）で赤褐色（red-brown）の液体である。

d　塩化銀 AgCl は，白色の固体で，水に溶けやすい。

①　**a**, **b**　　　②　**a**, **c**　　　③　**a**, **d**　　　④　**b**, **c**　　　⑤　**b**, **d**　　　⑥　**c**, **d**

問13　次の実験操作①～④において，気体が発生するものを一つ選びなさい。　**13**

①　硫酸酸性（acidified with sulfuric acid）にした過酸化水素水溶液 H_2O_2 aq に，過マンガン酸カリウム水溶液 $KMnO_4$ aq を加える。

②　過酸化水素水溶液に，ヨウ化カリウム水溶液 KI aq を加える。

③　二酸化硫黄水溶液 SO_2 aq に，硫酸酸性の二クロム酸カリウム水溶液 $K_2Cr_2O_7$ aq を加える。

④　二酸化硫黄水溶液に，硫化水素水溶液 H_2S aq を加える。

問14　次の①～④の酸化物（oxide）1 mol に約 100 mL の水を加えた。得られた水溶液中の水酸化物イオン OH^- の濃度が最も大きいものを，次の①～④の中から一つ選びなさい。

14

①　Na_2O　　　②　Al_2O_3　　　③　CaO　　　④　PbO_2

問 15 次表の 2 種類のイオン（ion）を別々に含む水溶液を区別するための操作とその結果として正しいものを，①～④の中から一つ選びなさい。 **15**

	2 種類の イオン	操作とその結果
①	Cu^{2+}，Zn^{2+}	アンモニア水 NH_3 aq を加える。 Cu^{2+}: いったん沈殿（precipitate）が生じ，さらに加えると溶ける。 Zn^{2+}: いったん沈殿が生じ，さらに加えても生じた沈殿が溶けない。
②	Ca^{2+}，Pb^{2+}	塩酸 HCl aq を加える。 Ca^{2+}: 変化が見られない。 Pb^{2+}: 白色沈殿（white precipitate）が生じる。
③	Fe^{3+}，Al^{3+}	水酸化ナトリウム水溶液 NaOH aq を加える。 Fe^{3+}: いったん沈殿が生じ，さらに加えると溶ける。 Al^{3+}: いったん沈殿が生じ，さらに加えても生じた沈殿が溶けない。
④	Ba^{2+}，Pb^{2+}	希硫酸 dil. H_2SO_4 を加える。 Ba^{2+}: 白色沈殿が生じる。 Pb^{2+}: 変化が見られない。

問 16　ある鎖式炭化水素（acyclic hydrocarbon）C_nH_n は，二重結合（double bond）と三重結合（triple bond）を一つずつもつ。n にあてはまる数として正しいものを，次の①〜⑤の中から一つ選びなさい。　16

①　4　　　　②　5　　　　③　6　　　　④　7　　　　⑤　8

問 17　次の記述 **a**〜**d** のうち，2-ブタノール　CH₃CH(OH)CH₂CH₃ にあてはまるものが二つあ

る。その組み合わせを，下の①〜⑥の中から一つ選びなさい。　　　　　　　|17|

a　鏡像異性体（enantiomer）が存在する。

b　ヨードホルム反応（iodoform reaction）を示さない。

c　硫酸酸性（acidified with sulfuric acid）の二クロム酸カリウム水溶液 $K_2Cr_2O_7$ aq を加

えると，アルデヒド（aldehyde）を生じる。

d　脱水反応（dehydration reaction）によって構造の異なる 3 種類のアルケン（alkene）が

生じる。

①　**a, b**　　②　**a, c**　　③　**a, d**　　④　**b, c**　　⑤　**b, d**　　⑥　**c, d**

問 18 あるアルケン（alkene）はシス・トランス異性体（cis-trans isomers）をもち，1 mol を
完全燃焼（complete combustion）させるのに 6 mol の酸素 O_2 を必要とする。この
アルケンとして正しいものを，次の①～⑥の中から一つ選びなさい。　　　**18**

①　$CH_2＝CHCH_2CH_3$　　　　　　②　$CH_3CH＝CHCH_3$

③　$CH_2＝C(CH_3)_2$　　　　　　　④　$CH_2＝CHCH_2CH_2CH_3$

⑤　$CH_3CH＝CHCH_2CH_3$　　　　⑥　$CH_3CH＝C(CH_3)_2$

問 19　次表 a～d のうち，**A** 欄の有機化合物（organic compound）の合成方法として，**B** 欄の記述が正しいものが二つある。その組み合わせを，下の①～⑥の中から一つ選びなさい。

19

	A	**B**
a	—NO₂	アニリン塩酸塩（anilinium chloride）に亜硝酸ナトリウム水溶液（aqueous sodium nitrite）を加える。
b	—N–C–CH₃ (H, O)	アニリン（aniline）に無水酢酸（acetic anhydride）を加える。
c	CH₃–C–OC₂H₅ (O)	酢酸（acetic acid）とメタノール（methanol）の混合物に少量の濃硫酸 conc. H₂SO₄ を加えて加熱する。
d	O–C–CH₃ (O), COOH	サリチル酸（salicylic acid）と無水酢酸の混合物に少量の濃硫酸を加える。

①　a, b　　②　a, c　　③　a, d　　④　b, c　　⑤　b, d　　⑥　c, d

問 20　次の高分子化合物（polymer compound）①～⑥のうち，二重結合（double bond）を
もたないものはどれか。正しいものを一つ選びなさい。　　　　　　　　　　　　　20

① ポリエチレンテレフタラート（poly(ethylene terephthalate)）

② ナイロン 66（nylon 6,6）

③ ポリエチレン（polyethylene）

④ ポリ酢酸ビニル（poly(vinyl acetate)）

⑤ ポリブタジエン（polybutadiene）

⑥ 尿素樹脂（urea resin）

化学の問題はこれで終わりです。解答欄の 21 ～ 75 はマークしないでください。

解答用紙の科目欄に「化学」が正しくマークしてあるか，もう一度確かめてください。

この問題冊子を持ち帰ることはできません。

生物

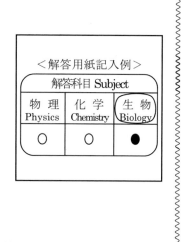
問1 細胞小器官（organelle）には，独自の DNA をもつものがある。ゴルジ体（Golgi body），葉緑体（chloroplast），ミトコンドリア（mitochondria）は，独自の DNA をもっているか。独自の DNA をもっている場合には〇，もっていない場合には×として，正しい組み合わせを次の①～⑥の中から一つ選びなさい。　　　　　　　1

	ゴルジ体	葉緑体	ミトコンドリア
①	○	○	○
②	○	×	○
③	○	×	×
④	×	○	○
⑤	×	○	×
⑥	×	×	○

問2 タンパク質の構造について述べた次の文中の下線部 a～c の構造を,それぞれ何というか。正しい組み合わせを, 下の①～⑥の中から一つ選びなさい。 $\boxed{2}$

　　タンパク質は多数のアミノ酸（amino acid）がつながったポリペプチド（polypeptide）からなり，その a アミノ酸の配列が，基本的にはそれぞれのタンパク質の立体構造（conformation）を決めている。この立体構造をみると，部分的に特徴のある b αヘリックス（α-helix）構造やβシート（β-sheet）構造が存在している。さらにタンパク質の中には, c 複数のポリペプチドが組み合わさってできているものがある。

	a	b	c
①	一次構造	二次構造	三次構造
②	一次構造	二次構造	四次構造
③	二次構造	一次構造	三次構造
④	二次構造	三次構造	四次構造
⑤	三次構造	二次構造	四次構造
⑥	四次構造	三次構造	二次構造

一次構造（primary structure）, 二次構造（secondary structure）,
三次構造（tertiary structure）, 四次構造（quaternary structure）

問3　次の図は，細胞における呼吸（respiration）の過程を模式的に示したものである。これに
関する下の問い(1)，(2)に答えなさい。

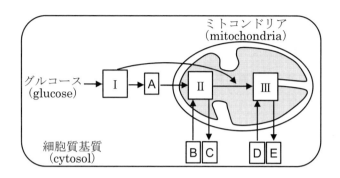

(1)　図中のⅠ〜Ⅲの反応系の正しい組み合わせを次の①〜⑥の中から一つ選びなさい。　3

	Ⅰ	Ⅱ	Ⅲ
①	電子伝達系 (electron transport system)	クエン酸回路 (citric acid cycle)	解糖系 (glycolysis)
②	電子伝達系	解糖系	クエン酸回路
③	クエン酸回路	電子伝達系	解糖系
④	クエン酸回路	解糖系	電子伝達系
⑤	解糖系	クエン酸回路	電子伝達系
⑥	解糖系	電子伝達系	クエン酸回路

(2)　図中の A〜E にあてはまる物質の正しい組み合わせを次の①〜⑤の中から一つ選びなさ
い。　4

	A	B	C	D	E
①	ピルビン酸 (pyruvic acid)	CO_2	H_2O	O_2	H_2O
②	ピルビン酸	O_2	H_2O	CO_2	O_2
③	ピルビン酸	H_2O	CO_2	O_2	H_2O
④	クエン酸	O_2	H_2O	CO_2	O_2
⑤	クエン酸	H_2O	CO_2	O_2	H_2O

理科－44

問4　次の文は，大気中の窒素（N₂）の利用について述べたものである。文中の空欄　a　～
　　　c　にあてはまる語句の正しい組み合わせを，下の①〜⑧の中から一つ選びなさい。　5

　　大気中にはたくさんの窒素があるが，これを直接利用できる生物は限られている。　a　な
どのある種の細菌（bacteria）は，大気中の窒素を取り込んで　b　に還元（reduction）す
ることができる。このような働きを　c　という。

	a	b	c
①	根粒菌 (root nodule bacteria)	NH_4^+	窒素同化 (nitrogen assimilation)
②	根粒菌	NH_4^+	窒素固定 (nitrogen fixation)
③	根粒菌	NO_3^-	窒素同化
④	根粒菌	NO_3^-	窒素固定
⑤	硝化菌 (nitrifying bacteria)	NH_4^+	窒素同化
⑥	硝化菌	NH_4^+	窒素固定
⑦	硝化菌	NO_3^-	窒素同化
⑧	硝化菌	NO_3^-	窒素固定

問5　次の図は，細菌（bacteria）における転写（transcription）と翻訳（translation）が次々
と連続しておこなわれる様子を示した模式図である。DNA 上の RNA ポリメラーゼ（RNA
polymerase）は，A，B どちらの方向に移動していくか。また，リボソーム（ribosome）は，
mRNA 上を C，D どちらの方向に移動していくか。正しい組み合わせを下の①～④の中から
一つ選びなさい。　　　　　　　　　　　　　　　　　　　　　　　　　　　6

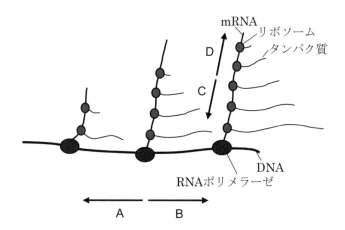

	RNA ポリメラーゼの移動の方向	リボソームの移動の方向
①	A	C
②	A	D
③	B	C
④	B	D

問6 減数分裂（meiosis）によってつくられる生殖細胞（germ cell）の遺伝子型（genotype）について述べた次の文 a～e のうち，正しいものをすべて選んだ組み合わせを，下の①～⑤の中から一つ選びなさい。なお，遺伝子 A（a）と B（b）は独立しているものとする。　**7**

a　遺伝子型 *AABB* の母細胞（mother cell）からは，遺伝子型が異なる 2 種類の生殖細胞がつくられる。

b　遺伝子型 *AaBB* の母細胞からは，遺伝子型が異なる 2 種類の生殖細胞がつくられる。

c　遺伝子型 *AaBb* の母細胞からは，遺伝子型が異なる 4 種類の生殖細胞がつくられる。

d　遺伝子型 *AABb* の母細胞からは，遺伝子型が異なる 4 種類の生殖細胞がつくられる。

e　遺伝子型 *aaBB* の母細胞からは，遺伝子型が同じ 1 種類の生殖細胞がつくられる。

①　a, b　　　②　a, c　　　③　b, c, e　　　④　b, d　　　⑤　c, d, e

問7 次の図は，動物の精子（sperm）の形成過程を模式的に示したものである。この図を参考にして，動物の精子形成のときの細胞分裂（cell division）について述べた文として正しいものを，下の①～④の中から一つ選びなさい。　**8**

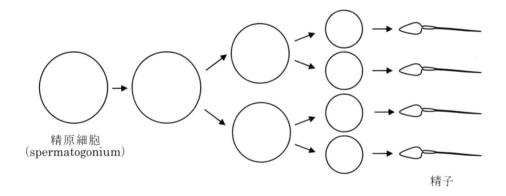

精原細胞
(spermatogonium)

精子

①　精細胞（spermatid）が形成されるときに，極体（polar body）ができる。

②　1 個の一次精母細胞（primary spermatocyte）から，4 個の精子が形成される。

③　1 個の二次精母細胞（secondary spermatocyte）から，4 個の精子が形成される。

④　精細胞は，体細胞分裂（mitosis）により精子になる。

問8　次の図は，カエルの尾芽胚（tailbud）の断面を模式的に表したものである。図の神経管
（neural tube）から分化（differentiation）する器官または組織はどれか。正しいものを，
下の①〜⑥の中から一つ選びなさい。　　　　　　　　　　　　　　　　　　　9

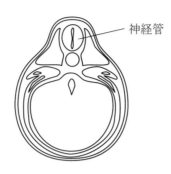

神経管

①　眼の水晶体（crystalline lens），骨髄（bone marrow）

②　眼の水晶体，脊髄（spinal cord）

③　眼の水晶体，血管

④　眼の網膜（retina），骨髄

⑤　眼の網膜，脊髄

⑥　眼の網膜，血管

問9　次の文 a～c は，免疫（immunity）に関わる 3 種類の白血球（leukocyte）の働きを説明したものである。それぞれの文にあてはまる白血球の名称の正しい組み合わせを，下の①～⑥の中から一つ選びなさい。　　10

a　獲得免疫（適応免疫，acquired immunity）のきっかけとして，様々な T 細胞に抗原提示（antigen presentation）をする。

b　感染（infection）した細胞を攻撃して死滅させる。

c　分化（differentiation）をすると，抗体（antibody）を産生する形質細胞（plasma cell）になる。

	a	b	c
①	キラーT 細胞 (killer T cell)	B 細胞	樹状細胞 (dendritic cell)
②	キラーT 細胞	樹状細胞	B 細胞
③	B 細胞	キラーT 細胞	樹状細胞
④	B 細胞	樹状細胞	キラーT 細胞
⑤	樹状細胞	キラーT 細胞	B 細胞
⑥	樹状細胞	B 細胞	キラーT 細胞

問10 次の表は，交感神経（sympathetic nerve）が作用したときの各器官の反応を示したもので
ある。表中の a～c にあてはまるものの正しい組み合わせを，下の①～⑧の中から一つ選び
なさい。 11

	瞳孔 (pupil)	気管支 (bronchus)	胃腸（gastro-intestine）の ぜん動（peristalsis）	心臓の拍動 (heartbeat)
交感神経の作用	拡大	a	b	c

	a	b	c
①	拡張	促進	促進
②	拡張	促進	抑制
③	拡張	抑制	促進
④	拡張	抑制	抑制
⑤	収縮	促進	促進
⑥	収縮	促進	抑制
⑦	収縮	抑制	促進
⑧	収縮	抑制	抑制

収縮（constriction）

問 11 次の図は，ヒトの眼の水平断面の模式図である。近いところを見るとき，毛様筋（ciliary muscle）と水晶体（crystalline lens）はどのような状態になっているか。正しい組み合わせを，下の①～④の中から一つ選びなさい。 <u>**12**</u>

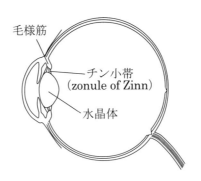

	毛様筋	水晶体
①	弛緩（relaxation）する	厚くなる
②	弛緩する	薄くなる
③	収縮（contraction）する	厚くなる
④	収縮する	薄くなる

問 12 次の文は，筋収縮 (muscle contraction) に関わるアクチンフィラメント (actin filament) の構造の変化について述べたものである。下の図を参考にして，文中の空欄　a　～　c　にあてはまる語句の正しい組み合わせを，下の①～⑥の中から一つ選びなさい。ただし，文中の　b ，　c は，図中の　b ，　c と同じ語句を示している。　**13**

　　骨格筋 (skeletal muscle) の収縮 (contraction) には，アクチンフィラメントと　a　フィラメントが関わっている。

　　アクチンフィラメントには，アクチンの他に　b　と　c　と呼ばれるタンパク質が結合している。筋小胞体 (sarcoplasmic reticulum) から放出されるカルシウムイオン (Ca²⁺) が　b　に結合すると，　b　の立体構造 (conformation) が変化する。これによって，　c　の立体構造も変化し，　a　フィラメントがアクチンフィラメントに結合できるようになる。

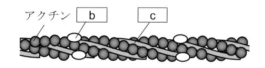

アクチン　　b　　　c

	a	b	c
①	ミオシン (myosin)	トロポニン (troponin)	トロポミオシン (tropomyosin)
②	ミオシン	トロポミオシン	トロポニン
③	トロポニン	ミオシン	トロポミオシン
④	トロポニン	トロポミオシン	ミオシン
⑤	トロポミオシン	ミオシン	トロポニン
⑥	トロポミオシン	トロポニン	ミオシン

問 13 1本のニューロン（neuron）で発生する活動電位（action potential）について述べた次の文①〜④の中から，正しいものを一つ選びなさい。　　　　　　　　　　　　　　14

①　活動電位が，軸索（axon）に沿って伝わることを，興奮（excitation）の伝達（transmission）という。

②　軸索の中央部に刺激（stimulation）を与えると，活動電位は細胞体（cell body）から遠ざかる方向にのみ伝わる。

③　活動電位の伝導速度（conduction velocity）は，同じ太さの軸索で比べると，無髄神経繊維（unmyelinated nerve fiber）のほうが有髄神経繊維（myelinated nerve fiber）よりも速い。

④　活動電位の大きさは，閾値（threshold value）を超えた刺激においては，刺激の強さに関係なく一定である。

問 14 次の文 a〜e は，刺激に対する生物の反応について述べたものである。このうち正しいものの組み合わせを，下の①〜⑥の中から一つ選びなさい。　　　　　　　　　15

a　オジギソウ（*Mimosa pudica*）の葉に触れると垂れ下がるのは，接触屈性（thigmotropism）によるものである。

b　植物の巻きひげ（tendril）が支柱に巻き付くのは，接触傾性（thigmonastic movement）によるものである。

c　気温が上がるとチューリップ（tulip）の花が開くのは，温度傾性（thermonastic movement）によるものである。

d　繁殖期（breeding season）で腹部が赤くなったイトヨ（three-spined stickleback）の雄（male）が他の腹部が赤くなった雄を攻撃するのは，学習（learning）によるものである。

e　カイコガ（silkmoth）の雄が雌（female）に近づくのは，性フェロモン（sex pheromone）への正の化学走性（chemotaxis）によるものである。

①　a, d　　　②　a, e　　　③　b, d　　　④　b, e　　　⑤　c, d　　　⑥　c, e

問 15 次の図 1, 2 のように, マカラスムギ（oat）の幼葉鞘（coleoptile）に暗所で光を一方向からあてて屈曲を観察する実験をおこなった。

まず, 図 1 のように幼葉鞘に左側から光をあてたところ, 何も処理をしていない幼葉鞘は左側に屈曲した。しかし, 先端部を切り取った幼葉鞘は屈曲しなかった。

次に, 図 2 の A〜D のように, 物質の移動をさえぎる雲母（mica）片を幼葉鞘に差し込んで左側から光をあてたところ, 左側に屈曲したものが二つあった。A〜D のうち, 屈曲したものの正しい組み合わせを, 下の①〜⑥の中から一つ選びなさい。 16

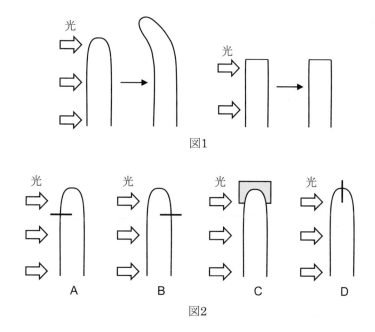

図1

図2

A：雲母片を光のあたる側に, 水平に差し込んだ。

B：雲母片を光のあたらない側に, 水平に差し込んだ。

C：雲母片を光の向きに対して平行に, 縦に差し込んだ。

D：雲母片を光の向きに対して垂直に, 縦に差し込んだ。

① A, B ② A, C ③ A, D ④ B, C ⑤ B, D
⑥ C, D

問 16 動物の中には，ある個体や群れが同種の他の個体や群れを排除して，一定の空間を独占するということがみられる。この空間は何というか。正しいものを，次の①～④の中から一つ選びなさい。 <u>17</u>

① ニッチ（niche）　　② テリトリー（territory，縄張り）

③ すみわけ（habitat segregation）　　④ 順位制（dominance hierarchy）

問 17 次の図は，ある陽生植物（sun plant）と陰生植物（shade plant）の光の強さと光合成速度（photosynthetic rate，CO_2吸収速度）の関係を示したものである。図について述べた文として正しいものを，下の①～④の中から一つ選びなさい。ただし，温度と呼吸速度（respiration rate）は一定で，CO_2濃度は大気中と同じ濃度とする。 <u>18</u>

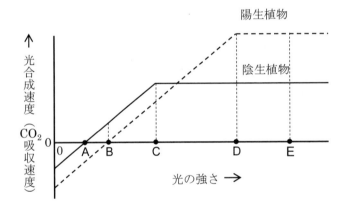

① 陽生植物の場合，B～D の間の光の強さでは，光の強さが増しても光合成速度が変化しない。

② 陰生植物の場合，A～C の間の光の強さでは，光の強さが増しても光合成速度が変化しない。

③ A～C の間の光の強さでは，陰生植物の光合成速度が陽生植物の光合成速度を上回る。

④ 陽生植物，陰生植物ともに E の光の強さよりも光の強さが弱いと，植物が成長できない。

生物の問題はこれで終わりです。解答欄の **19** ～ **75** はマークしないでください。
解答用紙の科目欄に「生物」が正しくマークしてあるか，もう一度確かめてください。

この問題冊子を持ち帰ることはできません。

2023年度　日本留学試験

総合科目

（80分）

Ⅰ　試験全体に関する注意

1. 係員の許可なしに，部屋の外に出ることはできません。

2. この問題冊子を持ち帰ることはできません。

Ⅱ　問題冊子に関する注意

1. 試験開始の合図があるまで，この問題冊子の中を見ないでください。

2. 試験開始の合図があったら，下の欄に，受験番号と名前を，受験票と同じように記入してください。

3. この問題冊子は，27ページあります。

4. 足りないページがあったら，手をあげて知らせてください。

5. 問題冊子には，メモや計算などを書いてもいいです。

Ⅲ　解答用紙に関する注意

1. 解答は，解答用紙に鉛筆（HB）で記入してください。

2. 各問題には，その解答を記入する行の番号 1 ， 2 ， 3 ，…がついています。解答は，解答用紙（マークシート）の対応する解答欄にマークしてください。

3. 解答用紙に書いてある注意事項も必ず読んでください。

※　試験開始の合図があったら，必ず受験番号と名前を記入してください。

受 験 番 号		＊			＊					
名　　　前										

問1　次の文章を読み，下の問い(1)～(4)に答えなさい。

　環境問題は工業化の進展と関係している。イギリス（UK）の $_1$産業革命の時期に，化石燃料を動力源として利用する生産活動が本格的に始まった。その後，石炭や石油などの化石燃料の利用が増大したが，これは工業化の進展や経済成長に寄与する一方で，大気汚染や土壌汚染などを引き起こした。

　20世紀後半に国境を越えた汚染が広がると，こうした問題は国際社会の中で地球環境問題として関心を集めるようになった。 $_2$国際連合総会（UN General Assembly）はこの課題に対応するため，1972年にスウェーデン（Sweden）の $_3$ストックホルム（Stockholm）で国際会議を開催することを決定した。

　1997年に採択された京都議定書では，初めて先進国に具体的な $_4$温室効果ガスの排出削減目標が課された。しかし，京都議定書ではBRICSなど成長著しい新興国には具体的な数値目標は課されなかった。発展途上国も含めたすべての締約国に排出削減の努力を求めた最初の国際的な取り決めは，2016年に発効したパリ協定（Paris Agreement）である。

(1)　下線部1に関して，産業革命期の技術革新についての記述として最も適当なものを，次の①～④の中から一つ選びなさい。　　　　　　　　　　　　　　　| 1 |

①　フルトン（Robert Fulton）が蒸気機関車を実用化し，大量輸送を可能にした。

②　ワット（James Watt）が蒸気機関を改良し，生産機械への応用を可能にした。

③　アークライト（Richard Arkwright）がコークス製鉄法を発明し，鉄の大量生産を可能にした。

④　スティーヴンソン（George Stephenson）が自動車の流れ作業的生産過程を実現し，自動車の低価格化を可能にした。

(2) 下線部 2 に関して，ストックホルムでの会議の後も国際連合が主導した地球環境問題への取り組みがある。これらの取り組みについての記述として最も適当なものを，次の①〜④の中から一つ選びなさい。 　 **2**

① 　国連持続可能な開発会議で，国連環境計画の設立が決議された。

② 　国連総会の決議に基づき，排出量取引が導入された。

③ 　国連環境開発会議で，アジェンダ21が採択された。

④ 　持続可能な開発に関する世界首脳会議で，生物多様性条約が調印された。

(3) 下線部 3 に関して，ストックホルムの位置として正しいものを，次の経緯線で表した地図中の①〜④の中から一つ選びなさい。 　 **3**

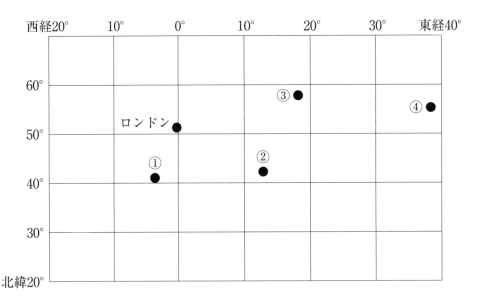

注) ロンドン（London）

(4) 下線部4に関して，次のグラフは1980年から2020年までの日本，アメリカ（USA），中国（China），ブラジル（Brazil）のCO_2排出量の推移と，1980年を100とした自国通貨建てでの実質GDP（国内総生産）の推移を10年ごとに示したものである。A〜Dに当てはまる国名の組み合わせとして正しいものを，下の①〜④の中から一つ選びなさい。　4

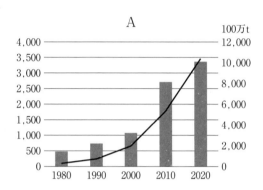

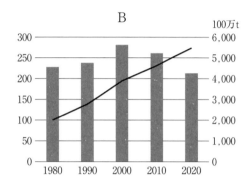

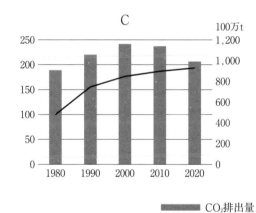

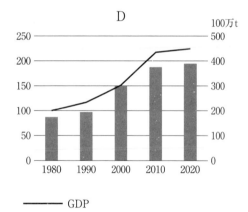

▨▨▨ CO_2排出量　―――― GDP

世界銀行ウェブサイトおよび『EDMC/エネルギー・経済統計要覧（2023年版）』より作成

	A	B	C	D
①	アメリカ	中国	ブラジル	日本
②	アメリカ	中国	日本	ブラジル
③	中国	アメリカ	ブラジル	日本
④	中国	アメリカ	日本	ブラジル

問2　次の文章を読み，下の問い(1)～(4)に答えなさい。

　　₁日本に入国する場合にも，日本から出国する場合にも，原則としてパスポート（旅券）が必要である。パスポートは，所持人の国籍や身分を証明するものであり，発行国の政府が外国政府に対して所持人の安全や保護扶助を要請する公文書である。写真が貼付されたパスポートは，₂イギリスで1914年に初めて発行された。日本でも，1917年に写真付きのパスポートの発行が始まった。その背景として，　a　があった。

　　第二次世界大戦後の日本では，₃外貨準備の不足もあり，国民の海外渡航は厳しい制限を受けていた。しかし，1963年4月から業務渡航が自由化され，翌年の4月からは観光渡航が自由化された。2022年末現在，日本政府発行の有効パスポート総数は2,000万冊を超えている。

(1) 下線部1に関して，次のグラフは，1990年から2020年までの国籍・地域別の日本への入国者数の推移を示したものである。グラフ中のA～Dに当てはまるものの組み合わせとして正しいものを，下の①～④の中から一つ選びなさい。 **5**

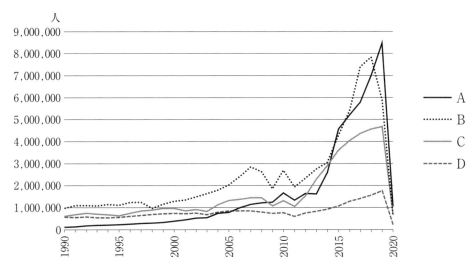

出入国在留管理庁ウェブサイトより作成

	A	B	C	D
①	台湾	アメリカ	中国	韓国
②	アメリカ	台湾	韓国	中国
③	中国	韓国	台湾	アメリカ
④	韓国	台湾	中国	アメリカ

注) 台湾（Taiwan），韓国（South Korea）

(2) 下線部2に関して，次のA～Dはイギリスにおける民主政治の発展についての記述である。1910年代の出来事として最も適当なものを，下の①～④の中から一つ選びなさい。 **6**

　A：権利章典により，王権に対する議会の優位が確立された。

　B：貴族院に対する庶民院の優越が法的に規定された。

　C：第五次選挙法改正により，男女普通選挙が実現した。

　D：貴族院が最高法院としての司法機能を失った。

① A

② B

③ C

④ D

(3) 上の文章中の空欄 a に当てはまる語として最も適当なものを，次の①～④の中から一つ選びなさい。 **7**

① 国際連盟（League of Nations）の設立

② 第一次世界大戦の勃発

③ 満洲国（Manchukuo）の建国

④ 日英同盟（Anglo-Japanese Alliance）の締結

⑷　下線部3に関して，次のグラフは，1990年から2022年までの日本，アメリカ，中国，スイス（Switzerland）の金を除く外貨準備の推移を示したものである。グラフ中のA〜Dに当てはまる国名の組み合わせとして正しいものを，下の①〜④の中から一つ選びなさい。　**8**

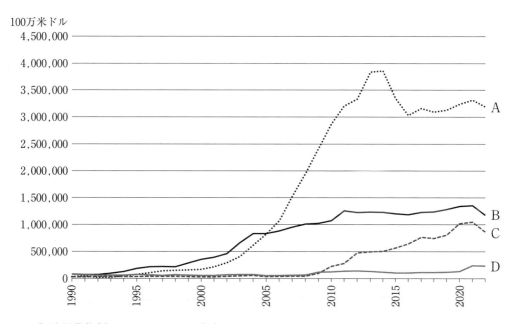

IMF（国際通貨基金）ウェブサイトより作成

	A	B	C	D
①	スイス	アメリカ	中国	日本
②	スイス	日本	中国	アメリカ
③	中国	アメリカ	スイス	日本
④	中国	日本	スイス	アメリカ

問3　資本主義経済の発展にともなって，さまざまな経済学説が生み出されてきた。それぞれの経済学者の国際貿易に関する主張として最も適当なものを，次の①～④の中から一つ選びなさい。　**9**

① マルクス（Karl Marx）は，労働者を国際競争から守るため，幼稚産業保護論を提唱した。

② アダム・スミス（Adam Smith）は，重商主義政策に基づく貿易の利益の増大が国に繁栄をもたらすと主張した。

③ ケインズ（John Maynard Keynes）は，国際貿易による金の流出入を通じて，各国の物価と対外収支が調整されるメカニズムを明らかにした。

④ リカード（David Ricardo）は，比較生産費説に基づいて，国際分業によってそれぞれの国が国際貿易から利益を得ることができると説明した。

問4　2020年以降，感染症が世界的に広がったことによって，各国の生産能力低下や原材料の調達ネットワークの寸断という問題が生じた。これが，その後の物価高騰（全般的な価格水準の上昇）の原因の一つであると言われている。こうした事象を説明するため，マクロ経済における総需要曲線（D）と総供給曲線（S）を次のように表したとき，上述の出来事から生じた総需要曲線あるいは総供給曲線の変化を表すグラフとして最も適当なものを，次の①～④の中から一つ選びなさい。　　**10**

①
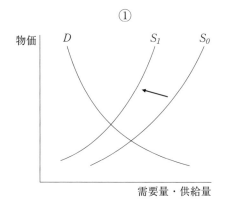

②
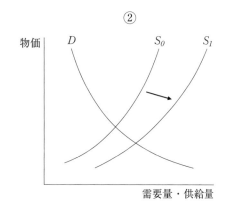

③
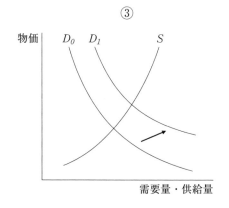

④
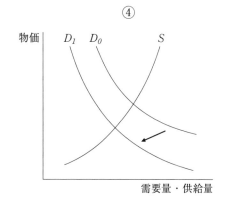

問5 公共財とは，理論的には非競合性と非排除性とをあわせ持つ財およびサービスのみを指し，政府部門が供給すべきものとされる。次のA～Dは日本の政府部門が提供しているサービスの事例であるが，このうち非競合性と非排除性のいずれの性質も**持たない**サービスの事例はどれか。下の①～④の中から一つ選びなさい。⬚11

A：消防署が急病人を病院に緊急搬送する。

B：自治体が災害や防災に関する情報をラジオで放送する。

C：自衛隊が迎撃ミサイルを配備し，国民の生命と財産を守る。

D：保健所が食中毒の情報を集め，必要に応じて飲食店に営業停止を命じる。

① A

② B

③ C

④ D

問6　景気循環の波は，循環の原因や周期の長さによっていくつかに分類される。それぞれの景気循環の波に関する記述として最も適当なものを，次の①～④の中から一つ選びなさい。　　　　　　　　　　　　　　　　　12

① コンドラチェフ（Kondratiev）の波は，約4年周期の景気循環であり，在庫投資の変動に起因する。

② ジュグラー（Juglar）の波は，約10年周期の景気循環であり，設備投資の変動に起因する。

③ キチン（Kitchin）の波は，約20年周期の景気循環であり，建設投資の変動に起因する。

④ クズネッツ（Kuznets）の波は，約50年周期の景気循環であり，技術革新に起因する。

問7　中央銀行がおこなう売りオペレーションに関する記述として最も適当なものを，次の①～④の中から一つ選びなさい。　　　　　　13

① 景気の浮揚を促すため，金融市場で国債を売却する。

② 景気の浮揚を促すため，株式市場で株式を売却する。

③ 景気の過熱を抑制するため，金融市場で国債を売却する。

④ 景気の過熱を抑制するため，株式市場で株式を売却する。

問8 日本の税に関する記述として最も適当なものを，次の①～④の中から一つ選びなさい。 [14]

① 課税主体は国だけであり，地方公共団体が課税主体になることはできない。

② 税収の過半は，直接税によるものである。

③ 所得や消費に対して課税されるが，資産には課税されない。

④ 関税は，品目にかかわらず輸入相手国ごとに同じ税率が適用される。

問9 第二次世界大戦後の日本の農業政策に関する記述として最も適当なものを，次の①～④の中から一つ選びなさい。 [15]

① 占領期に，地主から強制的に農地を買い上げ，それを安価で小作農に売却した。

② 高度経済成長期に，株式会社による農地取得を認め，農業振興を図った。

③ ウルグアイ・ラウンド（Uruguay Round）での農業交渉の結果，オレンジの輸入自由化を受け入れた。

④ ドーハ・ラウンド（Doha Round）での合意により，あらゆる農作物の輸入自由化を受け入れた。

問10　次の表は，2018年における日本，アメリカ，スウェーデン，トルコ（Türkiye）の所得格差をジニ係数で示したものである。ジニ係数とは，分布の不均等度を示す指標であり，0から1までの範囲の値をとる。その値が0に近いほど，分布が均等であり，1に近いほど，分布が不均等であることを表す。表中のA～Cに当てはまる国名の組み合わせとして正しいものを，下の①～④の中から一つ選びなさい。　**16**

国名	所得分布の ジニ係数
A	0.397
アメリカ	0.393
B	0.334
C	0.273

OECD（経済協力開発機構）ウェブサイトより作成

注）　この場合の所得とは，家計の可処分所得を意味する。

	A	B	C
①	日本	スウェーデン	トルコ
②	日本	トルコ	スウェーデン
③	トルコ	スウェーデン	日本
④	トルコ	日本	スウェーデン

問11　1970年代後半以降，先進資本主義諸国では経済的な行き詰まりが問題とされるようになり，これに対応するため，サッチャリズム（Thatcherism）やレーガノミクス（Reaganomics）と言われる経済政策がとられるようになった。この時期にとられた政策として最も適当なものを，次の①～④の中から一つ選びなさい。　**17**

① 民間の活発な資本形成を促すため，減税をおこなった。

② 基幹産業を中心に，民間企業の公有化を進めた。

③ 労働組合を強化し，労使の協調を促進した。

④ 金融システムの安定を図るため，規制の強化をおこなった。

問12　円安の進行が及ぼす影響に関する記述として最も適当なものを，次の①～④の中から一つ選びなさい。　**18**

① 外貨建て預金の円換算額が上昇する。

② 日本からの海外旅行客が増加する。

③ 日本の輸出企業の業績が悪化する。

④ 日本に輸入される原材料の国内価格が下落する。

問13　次のグラフは，アメリカの経常収支，貿易収支，サービス収支，所得収支それぞれ
について，2001年から2021年までの推移を示したものである。経常収支の推移を示し
たものを，次のグラフ中の①〜④の中から一つ選びなさい。なお，所得収支は第一次
所得収支と第二次所得収支との合計である。　　　　　　　　　　　　　　　　**19**

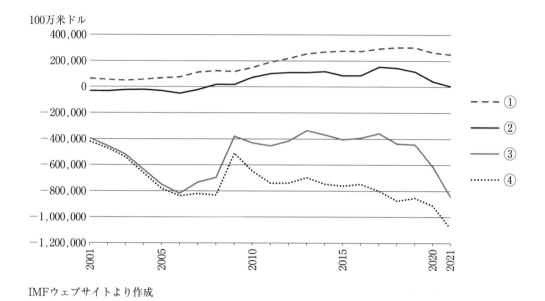

IMFウェブサイトより作成

問14　次の図は，プレート境界を模式的に示したものである。このようなプレート境界に
あたる領域として最も適当なものを，下の地図中の①～④の中から一つ選びなさい。

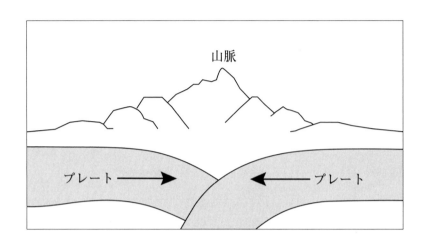

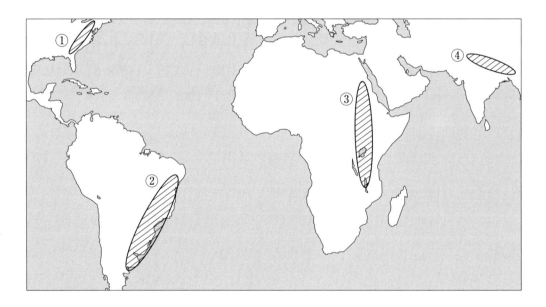

問15　次のハイサーグラフが示す都市として正しいものを，下の地図中の①～④の中から
一つ選びなさい。　21

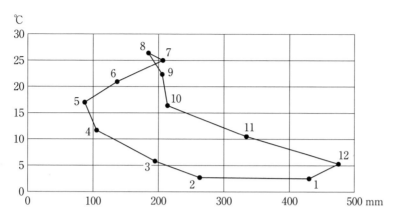

気象庁ウェブサイトより作成

問16 次の地図中に斜線で示したアメリカの州は，2021年における，ある作物の生産量上位5州である。この作物を，下の①～④の中から一つ選びなさい。 22

『データブック　オブ・ザ・ワールド　2023年版』より作成

① コメ

② 小麦

③ 大豆

④ 綿花

問17　世界にはその地域の気候風土に合ったさまざまな食生活がみられる。次の表は，2020年における日本，インド（India），バングラデシュ（Bangladesh），モンゴル（Mongolia）の１人１日当たりの食料供給量の内訳（重量ベース）を示したものである。日本に当てはまるものを，次の表中の①～④の中から一つ選びなさい。　**23**

単位：％

	穀物	いも類	野菜	肉類	牛乳・乳製品	水産物
①	20.8	12.2	11.5	27.4	27.9	0.1
②	32.9	6.0	23.6	13.9	11.7	11.8
③	48.4	7.6	23.4	1.2	17.3	2.1
④	64.6	13.2	10.9	1.1	4.0	6.3

『世界国勢図会　2023/24』より作成

問18 次の図は，2020年におけるインド，エチオピア（Ethiopia），チェコ（Czech Republic），日本の産業別人口割合を示したものである。図中のA～Dに当てはまる国名の組み合わせとして正しいものを，下の①～④の中から一つ選びなさい。 **24**

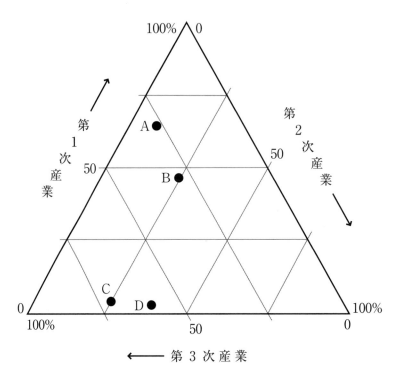

『データブック　オブ・ザ・ワールド　2023年版』より作成

	A	B	C	D
①	インド	エチオピア	チェコ	日本
②	日本	チェコ	インド	エチオピア
③	チェコ	日本	エチオピア	インド
④	エチオピア	インド	日本	チェコ

問19　マックス・ウェーバー（Max Weber）に関する記述として最も適当なものを，次の①〜④の中から一つ選びなさい。　25

① 絶対主義国家に正当性を与えるため，主権の重要性を強調した。

② 支配の正当性を，伝統的支配，カリスマ的支配，合法的支配という三つの類型に分類して説明した。

③ ファシズム体制の残虐な人権侵害を経験し，基本的人権は国際社会によって保障されるべきであると説いた。

④ 資本家階級の権力を排除し，生産手段を公有化することによって，社会的平等を実現しようと説いた。

問20　現代日本の国会に関する記述として最も適当なものを，次の①〜④の中から一つ選びなさい。　26

① 最高裁判所の要求によって召集される臨時国会がある。

② 条約の締結には国会の承認を経る必要がある。

③ 法律案は先に衆議院に提出されなければならない。

④ 衆議院と参議院が異なる議決をした場合，両院協議会の開催が義務づけられている。

問21　現代日本の国務大臣に関する記述として最も適当なものを，次の①〜④の中から一つ選びなさい。　27

① 国務大臣と国会議員を同時に務めることはできない。

② 国務大臣は，個別に国会に対して責任を負う。

③ 国務大臣は，内閣総理大臣によって任命される。

④ 国務大臣は，文民でなくともよい。

問22　現代日本の検察官に関する記述として最も適当なものを，次の①〜④の中から一つ選びなさい。　　28

①　刑事事件では公益の代表者として公訴を提起する。

②　民事事件では原告側の代理人を務める。

③　裁判官による裁判の進行を監督する。

④　訴訟に関する手続きについての規則を定める権限を有する。

問23　日本国憲法で規定された国民の義務に**当てはまらない**ものを，次の①〜④の中から一つ選びなさい。　　29

①　勤労

②　納税

③　困窮する親を扶養すること

④　保護する子女に普通教育を受けさせること

問24　現代日本の地方自治制度に関する記述として最も適当なものを，次の①〜④の中から一つ選びなさい。　　30

①　執行機関の一元化を図るため，行政委員会が廃止された。

②　首長は議会の解散権を有さない。

③　首長と議会議員はいずれも直接選挙で選ばれる。

④　地方分権が進み，法律に反する条例の制定が可能になった。

問25 次の冷戦期の出来事A～Dを年代順に並べたものとして正しいものを，下の①～④の中から一つ選びなさい。 $\boxed{31}$

A：朝鮮戦争（Korean War）勃発

B：ベルリン封鎖（Berlin Blockade）

C：キューバ危機（Cuban Missile Crisis）

D：ベトナム戦争（Vietnam War）終結

① A → C → B → D

② B → A → C → D

③ C → D → B → A

④ D → A → C → B

問26 国際法に関する記述として最も適当なものを，次の①～④の中から一つ選びなさい。 $\boxed{32}$

① 国際法はジェノサイド条約や核兵器不拡散条約など多国間条約を含む。

② 外交特権も公海自由の原則もその成文化は禁じられている。

③ 国際法に基づき国際紛争を解決する機関は今なお存在しない。

④ 国際法という概念は，主権国家間の関係を規定するためベルサイユ条約（Treaty of Versailles）によって生まれた。

問27 ヨーロッパ（Europe）統合の過程において，EU（欧州連合）発足後に加盟した国を，次の①～④の中から一つ選びなさい。　　　　　　　　**33**

① スウェーデン

② イタリア（Italy）

③ スペイン（Spain）

④ ギリシャ（Greece）

問28 1814年から1815年にかけて開催されたウィーン会議（Congress of Vienna）に関する記述として最も適当なものを，次の①～④の中から一つ選びなさい。　**34**

① イギリスは，大陸部の領土を放棄する代わりにアイルランド（Ireland）の併合を正式に認められた。

② イタリアはトリエステ（Trieste）や南チロル（South Tyrol）の領有を認められた。

③ オランダ（Netherlands）領であった南ネーデルラント（Southern Netherlands）は，ベルギー（Belgium）として独立した。

④ フランス（France）では，正統主義に基づきブルボン朝（House of Bourbon）が復活した。

問29　1856年に終結したクリミア戦争（Crimean War）の影響に関する記述として最も適当なものを，次の①～④の中から一つ選びなさい。　35

① ロシア（Russia）では農奴解放令が発布されるなど，国内の改革が進められた。

② オーストリア（Austria）はバルカン半島（Balkan Peninsula）を支配下においた。

③ エジプト（Egypt）は債務の償還に充てるため，スエズ運河会社（Suez Canal Company）の株式を売却した。

④ オスマン帝国（Ottoman Empire）では外国からの干渉がなくなり，イスラームに基づく政教一致体制が強化された。

問30　1898年に勃発した米西戦争（Spanish-American War）はアメリカの勝利に終わった。この戦争の講和条約によって，アメリカが獲得した旧スペイン植民地を，次の①～④の中から一つ選びなさい。　36

① メキシコ（Mexico）

② ハイチ（Haiti）

③ ハワイ（Hawaii）

④ フィリピン（Philippines）

問31　官営八幡製鉄所は1901年に操業を開始した。この製鉄所の位置として正しいものを，
次の地図中の①～④の中から一つ選びなさい。　　　　　　　　　　37

問32　第一次世界大戦後の中東（Middle East）分割に関する記述として最も適当なものを，次の①～④の中から一つ選びなさい。　　　　　　　　　　　　　38

① 現在のトルコ領は，イギリスの委任統治領とされた。

② 現在のヨルダン（Jordan）領は，イタリアの委任統治領とされた。

③ 現在のシリア（Syria）領は，フランスの委任統治領とされた。

④ 現在のイスラエル（Israel）領は，アメリカの委任統治領とされた。

総合科目の問題はこれで終わりです。解答欄の 39 ～ 60 はマークしないでください。

この問題冊子を持ち帰ることはできません。

数 学 （８０分）

【コース１(基本, Basic)・コース２(上級, Advanced)】

※　どちらかのコースを一つだけ選んで解答してください。

Ⅰ　試験全体に関する注意
1. 係員の許可なしに，部屋の外に出ることはできません。
2. この問題冊子を持ち帰ることはできません。

Ⅱ　問題冊子に関する注意
1. 試験開始の合図があるまで，この問題冊子の中を見ないでください。
2. 試験開始の合図があったら，下の欄に，受験番号と名前を，受験票と同じように記入してください。
3. コース１は１〜13ページ，コース２は15〜27ページにあります。
4. 足りないページがあったら，手をあげて知らせてください。
5. メモや計算などを書く場合は，問題冊子に書いてください。

Ⅲ　解答方法に関する注意
1. 解答は，解答用紙に鉛筆(ＨＢ)で記入してください。
2. 問題文中の**A**，**B**，**C**，…には，それぞれ－(マイナスの符号)，または，0から9までの数が一つずつ入ります。適するものを選び，解答用紙(マークシート)の対応する解答欄にマークしてください。
3. 同一の問題文中に　**A**　，**BC**　などが繰り返し現れる場合，2度目以降は，　A　，　BC　のように表しています。

解答に関する記入上の注意
(1) 根号($\sqrt{}$)の中に現れる自然数が最小となる形で答えてください。
（例：$\sqrt{32}$ のときは，$2\sqrt{8}$ ではなく $4\sqrt{2}$ と答えます。）
(2) 分数を答えるときは，符号は分子につけ，既約分数(reduced fraction)にして答えてください。
（例：$\frac{2}{6}$ は $\frac{1}{3}$ ，$-\frac{2}{\sqrt{6}}$ は $\frac{-2\sqrt{6}}{6}$ と分母を有理化してから約分し，$\frac{-\sqrt{6}}{3}$ と答えます。）
(3) $\frac{\boxed{A}\sqrt{\boxed{B}}}{\boxed{C}}$ に $\frac{-\sqrt{3}}{4}$ と答える場合は，下のようにマークしてください。
(4) $\boxed{DE}\,x$ に $-x$ と答える場合は，**D**を－，**E**を１とし，下のようにマークしてください。

【解答用紙】

A	●	⓪	①	②	③	④	⑤	⑥	⑦	⑧	⑨
B	⊖	⓪	①	②	●	④	⑤	⑥	⑦	⑧	⑨
C	⊖	⓪	①	②	③	●	⑤	⑥	⑦	⑧	⑨
D	●	⓪	①	②	③	④	⑤	⑥	⑦	⑧	⑨
E	⊖	⓪	●	②	③	④	⑤	⑥	⑦	⑧	⑨

4. 解答用紙に書いてある注意事項も必ず読んでください。

※　試験開始の合図があったら，必ず受験番号と名前を記入してください。

受 験 番 号			＊				＊				
名　　前											

数学 コース 1
（基本コース）

（コース2は 15 ページからです）

「解答コース」記入方法

解答コースには「コース1」と「コース2」がありますので，どちらかのコースを <u>一つだけ</u> 選んで解答してください。「コース1」を解答する場合は，右のように，解答用紙の「解答コース」の「コース1」を ○ で囲み，その下のマーク欄をマークしてください。

<u>選択したコースを正しくマークしないと，採点されません。</u>

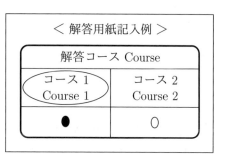

I

問 1　2 次関数 $f(x) = -x^2 + 4x + 5$ を考える。

(1)　放物線 $y = f(x)$ の頂点の座標は $\left(\boxed{\text{A}}, \boxed{\text{B}} \right)$ である。

(2)　放物線 $y = f(x)$ を x 軸方向に k，y 軸方向に -4 だけ平行移動して得られる放物線を $y = g(x)$ とすると
$$g(x) = -\left(x - \boxed{\text{C}} - k \right)^2 + \boxed{\text{D}}$$
である。

(3)　次の文中の $\boxed{\text{E}}$ には，この問いの下の選択肢 ⓪ ～ ④ の中から，また，$\boxed{\text{F}}$ には，この問いの下の選択肢 ⑤ ～ ⑨ の中から適するものを選びなさい。また，その他の $\boxed{}$ には，適する数を入れなさい。

関数 $g(x)$ の $-1 \leqq x \leqq 4$ における最大値が 3 となるような k の値を求めよう。

関数 $g(x)$ の最大値は $\boxed{\text{D}}$ であるから，k は条件 $\boxed{\text{E}}$ または $\boxed{\text{F}}$ を満たす。したがって
$$k = -\boxed{\text{G}} - \sqrt{\boxed{\text{H}}}, \qquad k = \boxed{\text{I}} + \sqrt{\boxed{\text{J}}}$$
である。

⓪　$k < -5$ かつ $k^2 + 6k + 7 = 0$　　　①　$k < -5$ かつ $k^2 - 4k + 2 = 0$

②　$k < -3$ かつ $k^2 + 7k + 6 = 0$　　　③　$k < -3$ かつ $k^2 + 6k + 7 = 0$

④　$k < -3$ かつ $k^2 - 4k + 2 = 0$

⑤　$k > 2$ かつ $k^2 - 6k + 4 = 0$　　　⑥　$k > 2$ かつ $k^2 + 6k + 7 = 0$

⑦　$k > 2$ かつ $k^2 - 4k + 2 = 0$　　　⑧　$k > 4$ かつ $k^2 - 4k + 2 = 0$

⑨　$k > 4$ かつ $k^2 + 6k + 7 = 0$

- 計算欄 (memo) -

問 2 　　赤，青，黄，緑，橙，紫の 6 色を使って，正多面体（正四面体，立方体）の各面に，隣り合った面の色が異なるように色を塗る。ただし，正多面体を回転させて一致する塗り方は同じとみなす。

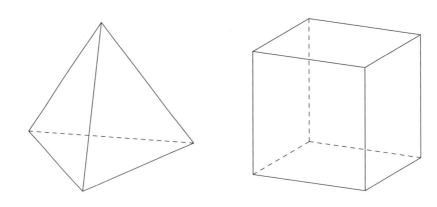

(1) 　　正四面体の各面を，6 色を使って塗る方法について考える。まず，6 色のうち使える 4 色の組み合わせは 　KL　 通りある。このうち，赤，青，黄，緑の 4 色を使って塗る方法は，赤で塗った面を底面に固定して，他の 3 面を残りの色で塗ればよいので 　M　 通りある。したがって，正四面体の各面を 6 色を使って塗る方法は 　NO　 通りある。

(2) 　　次に，正四面体の塗り方を参考にして，立方体の各面を塗る方法を考える。

　(i) 　　立方体において，6 色をすべて使って塗る方法は 　PQ　 通りある。

　(ii) 　　立方体において，紫を除いた 5 色をすべて使って塗る方法は 　RS　 通りある。

- 計算欄 (memo) -

$\boxed{\text{II}}$

問 1　次の各問いに答えなさい。

(1)　$(-x+2y+3z)(2x-3y+4z)(3x+4y-5z)$ を展開したとき，xyz の係数は $\boxed{\text{ABC}}$ である。

(2)　$\dfrac{479}{700}$ を小数で表したとき，小数第 2023 位の数字は $\boxed{\text{D}}$ である。

(3)　循環小数を次のように書き表すことにする。

例　$0.121212\cdots = 0.\dot{1}\dot{2}$　　$0.345345345\cdots = 0.\dot{3}4\dot{5}$

$a = 0.\dot{2}2\dot{8},\ b = 0.\dot{3}3524\dot{4}$ のとき，$x = 2a - b$ を循環小数で表すと

$$x = 0.\boxed{\overset{\cdot\cdot}{\text{EF}}}$$

である。ここで

$$100x = \boxed{\text{GH}} + x$$

であることに注意すると，x は既約分数として

$$x = \frac{\boxed{\text{I}}}{\boxed{\text{JK}}}$$

と表される。

- 計算欄 (memo) -

問 2 　　　x についての 2 次不等式

$$x^2 - 3x + 2 < 0 \qquad \cdots\cdots\cdots \quad ①$$

$$x^2 - 2ax - 3a^2 < 0 \qquad \cdots\cdots\cdots \quad ②$$

を考える。

(1)　　不等式 ① の解は $\boxed{\text{L}} < x < \boxed{\text{M}}$ である。

(2)　　次の文中の $\boxed{\text{O}} \sim \boxed{\text{Q}}$ には，下の選択肢 ⓪ $\sim$ ⑨ の中から適するものを選びなさい。また，$\boxed{\text{N}}$ には，適する数を入れなさい。

不等式 ② の解は

$$a > \boxed{\text{N}} \text{ のとき} \quad \boxed{\text{O}}$$

$$a = \boxed{\text{N}} \text{ のとき} \quad \boxed{\text{P}}$$

$$a < \boxed{\text{N}} \text{ のとき} \quad \boxed{\text{Q}}$$

である。

⓪ 　$a < x < -3a$	① 　$-a < x < 3a$
② 　$-2a < x < 3a$	③ 　$1 < x < 3a^2$
④ 　$3a < x < -a$	⑤ 　$-3 < x < a^2$
⑥ 　$-3a < x < -a$	⑦ 　$3a < x < a$
⑧ 　すべての実数	⑨ 　解はなし

（問 2 は次ページに続く）

(3)　　① を満たすすべての x に対して ② が成り立つような a の値の範囲は

$$a \leqq \boxed{\text{RS}}, \qquad a \geqq \frac{\boxed{\text{T}}}{\boxed{\text{U}}}$$

である。

(4)　　① と ② の両方を満たす実数 x が存在しないような a の値の範囲は

$$\boxed{\text{VW}} \leqq a \leqq \frac{\boxed{\text{X}}}{\boxed{\text{Y}}}$$

である。

$\boxed{\text{II}}$ の問題はこれで終わりです。$\boxed{\text{II}}$ の解答欄 $\boxed{\text{Z}}$ はマークしないでください。

III

2 つの整数 $a = 588$, $b = 1260$ を考える。

(1) a, b を素因数分解すると

$$a = 2^{\boxed{A}} \cdot 3 \cdot \boxed{B}^{\boxed{C}}, \quad b = 2^{\boxed{D}} \cdot 3^{\boxed{E}} \cdot \boxed{F} \cdot \boxed{G}$$

である。ただし，$\boxed{F} < \boxed{G}$ とする。よって，a, b の最大公約数は $\boxed{HI}$ である。

(2) 次の条件 (i), (ii) を満たす正の整数 c を考える。

(i) a, b, c の最大公約数は，a, b の最大公約数に等しい。

(ii) a, b, c の最小公倍数は，a, b の最小公倍数の 4 倍である。

条件 (i), (ii) を満たすような c は全部で $\boxed{J}$ 個ある。そのような c の中で最小のものは $\boxed{KLM}$ である。

(3) 整数 a, b に対して，方程式

$$ax - by = \boxed{KLM} \quad \cdots\cdots\cdots \quad \text{①}$$

の整数解 x, y を求めよう。

方程式 ① の整数解 x, y を求めるためには，方程式

$$\boxed{N}\,x - \boxed{OP}\,y = \boxed{Q} \quad \cdots\cdots\cdots \quad \text{②}$$

の整数解 x, y を求めればよい。

方程式 ② を満たすような正の整数 x, y で，y が最も小さいものを求めると

$$x = \boxed{R}, \quad y = \boxed{S}$$

である。したがって，方程式 ① の整数解は

$$x = \boxed{T} + \boxed{UV}\,k, \quad y = \boxed{W} + \boxed{X}\,k$$

である。ただし，k は整数である。

- 計算欄 (memo) -

Ⅳ

下の図のように，三角形 ABC の外接円 O の直径 AD と辺 BC との交点を E とおく。ここで，$AC = 2\sqrt{3}$, $\angle BAD = 15°$ かつ 外接円 O の半径を $\sqrt{6}$ とする。このとき，$\cos 15°$ の値と三角形 ABC, 三角形 EAC, 三角形 EBD の面積比を求めよう。

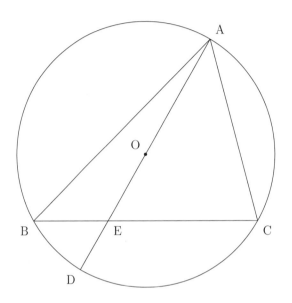

(1)　正弦定理より，$\angle ABC = \boxed{\textbf{AB}}$°, $BC = \boxed{\textbf{C}}\sqrt{\boxed{\textbf{D}}}$ である。さらに，余弦定理より，$AB = \sqrt{\boxed{\textbf{E}} + \boxed{\textbf{F}}}$ が得られる。よって

$$\cos 15° = \frac{\sqrt{\boxed{\textbf{G}}} + \sqrt{\boxed{\textbf{H}}}}{\boxed{\textbf{I}}}$$

である。ただし，$\boxed{\textbf{G}} < \boxed{\textbf{H}}$ とする。

(2)　$\angle AEC = \boxed{\textbf{JK}}$° なので，$CE = \boxed{\textbf{L}}\sqrt{\boxed{\textbf{M}}}$ であり，$DE = \sqrt{\boxed{\textbf{N}}} - \sqrt{\boxed{\textbf{O}}}$ となる。したがって

$$\triangle ABC : \triangle EAC : \triangle EBD = \boxed{\textbf{P}} : \boxed{\textbf{Q}} : \left(\boxed{\textbf{R}} - \sqrt{\boxed{\textbf{S}}}\right)$$

である。

- 計算欄 (memo) -

数学 コース 2
（上級コース）

「解答コース」記入方法

　解答コースには「コース1」と「コース2」が
ありますので，どちらかのコースを <u>一つだけ</u>
選んで解答してください。「コース2」を解答
する場合は，右のように，解答用紙の「解答
コース」の「コース2」を ◯ で囲み，その下
のマーク欄をマークしてください。

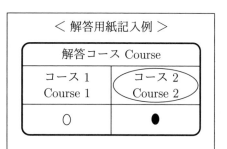

<u>選択したコースを正しくマークしないと，採点されません。</u>

I

問 1　2 次関数 $f(x) = -x^2 + 4x + 5$ を考える。

(1)　放物線 $y = f(x)$ の頂点の座標は $\left(\boxed{\text{A}} , \boxed{\text{B}} \right)$ である。

(2)　放物線 $y = f(x)$ を x 軸方向に k, y 軸方向に -4 だけ平行移動して得られる放物線を $y = g(x)$ とすると

$$g(x) = -\left(x - \boxed{\text{C}} - k \right)^2 + \boxed{\text{D}}$$

である。

(3)　次の文中の $\boxed{\text{E}}$ には, この問いの下の選択肢 ⓪ ～ ④ の中から, また, $\boxed{\text{F}}$ には, この問いの下の選択肢 ⑤ ～ ⑨ の中から適するものを選びなさい。また, その他の $\boxed{\phantom{\text{E}}}$ には, 適する数を入れなさい。

関数 $g(x)$ の $-1 \leqq x \leqq 4$ における最大値が 3 となるような k の値を求めよう。

関数 $g(x)$ の最大値は $\boxed{\text{D}}$ であるから, k は条件 $\boxed{\text{E}}$ または $\boxed{\text{F}}$ を満たす。したがって

$$k = -\boxed{\text{G}} - \sqrt{\boxed{\text{H}}}, \qquad k = \boxed{\text{I}} + \sqrt{\boxed{\text{J}}}$$

である。

⓪　$k < -5$ かつ $k^2 + 6k + 7 = 0$　　①　$k < -5$ かつ $k^2 - 4k + 2 = 0$

②　$k < -3$ かつ $k^2 + 7k + 6 = 0$　　③　$k < -3$ かつ $k^2 + 6k + 7 = 0$

④　$k < -3$ かつ $k^2 - 4k + 2 = 0$

⑤　$k > 2$ かつ $k^2 - 6k + 4 = 0$　　⑥　$k > 2$ かつ $k^2 + 6k + 7 = 0$

⑦　$k > 2$ かつ $k^2 - 4k + 2 = 0$　　⑧　$k > 4$ かつ $k^2 - 4k + 2 = 0$

⑨　$k > 4$ かつ $k^2 + 6k + 7 = 0$

- 計算欄 (memo) -

問2　　　赤, 青, 黄, 緑, 橙, 紫の 6 色を使って, 正多面体（正四面体, 立方体）の各面に, 隣り合った面の色が異なるように色を塗る。ただし, 正多面体を回転させて一致する塗り方は同じとみなす。

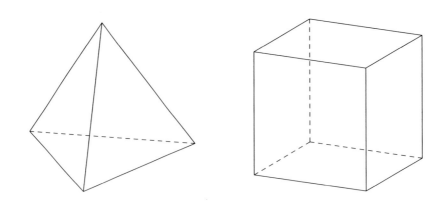

(1)　　正四面体の各面を, 6 色を使って塗る方法について考える。まず, 6 色のうち使える 4 色の組み合わせは $\boxed{\textbf{KL}}$ 通りある。このうち, 赤, 青, 黄, 緑の 4 色を使って塗る方法は, 赤で塗った面を底面に固定して, 他の 3 面を残りの色で塗ればよいので $\boxed{\textbf{M}}$ 通りある。したがって, 正四面体の各面を 6 色を使って塗る方法は $\boxed{\textbf{NO}}$ 通りある。

(2)　　次に, 正四面体の塗り方を参考にして, 立方体の各面を塗る方法を考える。

　(i)　　立方体において, 6 色をすべて使って塗る方法は $\boxed{\textbf{PQ}}$ 通りある。

　(ii)　　立方体において, 紫を除いた 5 色をすべて使って塗る方法は $\boxed{\textbf{RS}}$ 通りある。

- 計算欄 (memo) -

II

問 1　次の文中の　C ,　G ,　H　には，この問いの下の選択肢 ⓪ ～ ⑨ の中から適するものを選びなさい。また，その他の □ には，適する数を入れなさい。

長方形 ABCD の辺 AB を $1:5$ に内分する点を E とし，辺 CD を $1:2$ に内分する点を F とする。また，対角線 AC と線分 EF との交点を G とする。$BC = \sqrt{3}$ で，線分 BG と AC が直交しているとき，AB の長さと $\cos \angle CGF$ の値を求めよう。

以下，$\overrightarrow{AB} = \vec{a}$，$\overrightarrow{AD} = \vec{b}$，$\angle CGF = \theta$ とおく。

線分 AG と線分 GC の比をもっとも簡単な整数比で表すと AG : GC = A : B であるから，$\overrightarrow{BG}$ は $\vec{a}$，$\vec{b}$ を用いて $\overrightarrow{BG} =$ C と表せる。したがって，$\overrightarrow{BG} \cdot \overrightarrow{AC} =$ D より，$AB = \dfrac{\sqrt{\boxed{E}}}{\boxed{F}}$ である。

また，$\overrightarrow{GC}$ と $\overrightarrow{GF}$ は $\vec{a}$，$\vec{b}$ を用いて $\overrightarrow{GC} =$ G ，$\overrightarrow{GF} =$ H と表されるので

$$\overrightarrow{GC} \cdot \overrightarrow{GF} = \frac{\boxed{I}}{\boxed{J}}$$

となる。したがって，$\cos \theta = \dfrac{\boxed{K}\sqrt{\boxed{L}}}{\boxed{M}}$ が得られる。

⓪ $\dfrac{1}{3}\left(\vec{a} + 2\vec{b}\right)$ 　① $\dfrac{1}{3}\left(-2\vec{a} + \vec{b}\right)$ 　② $\dfrac{1}{3}\left(2\vec{a} - \vec{b}\right)$ 　③ $\dfrac{1}{3}\left(\vec{a} - 2\vec{b}\right)$

④ $\dfrac{1}{6}\left(\vec{a} + 2\vec{b}\right)$ 　⑤ $\dfrac{1}{6}\left(-2\vec{a} + \vec{b}\right)$ 　⑥ $\dfrac{1}{6}\left(2\vec{a} - \vec{b}\right)$ 　⑦ $\dfrac{1}{6}\left(\vec{a} - 2\vec{b}\right)$

⑧ $\dfrac{1}{3}\left(\vec{a} + \vec{b}\right)$ 　⑨ $\dfrac{2}{3}\left(\vec{a} + \vec{b}\right)$

- 計算欄 (memo) -

問2　　円 C と直線 $\ell,\,m$ を

$$C : x^2 + y^2 - 4x - 2y + 5 - r^2 = 0$$
$$\ell\ : y = 2x - 1$$
$$m : y = \frac{3}{4}x - 1$$

とし，直線 ℓ に関して円 C と対称な円を C' とする。

(1)　円 C の中心は $\left(\boxed{\text{ N }},\ \boxed{\text{ O }}\right)$，半径は r である。

(2)　円 C' の中心 (a,b) を求めよう。円 C と円 C' は直線 ℓ に関して対称であるから

$$a = \frac{\boxed{\text{ P }}}{\boxed{\text{ Q }}},\qquad b = \frac{\boxed{\text{ R }}}{\boxed{\text{ S }}}$$

である。

(3)　円 C' が直線 m に接するように r を求めよう。

$$r = \frac{\left|\,\boxed{\text{ T }}\,a - \boxed{\text{ U }}\,b - \boxed{\text{ V }}\,\right|}{\boxed{\text{ W }}}$$

であるから

$$r = \boxed{\text{ X }}$$

である。

- 計算欄 (memo) -

III

関数 $f(x) = x^3 - 4x^2 + 1$ に対して，曲線 $y = f(x)$ を C とする。a を実数とし，C 上の点 $\mathrm{A}\,(1,\, a)$ における接線を ℓ とする。このとき，C と ℓ に関する以下の各問いに答えなさい。

(1)　$a = \boxed{\text{AB}}$ である。

C 上の点 $(t,\, f(t))$ における接線について，その傾きは

$$\boxed{\text{C}}\,t^2 - \boxed{\text{D}}\,t$$

であり，y 切片は

$$-\boxed{\text{E}}\,t^3 + \boxed{\text{F}}\,t^2 + \boxed{\text{G}}$$

である。これより，ℓ の方程式は

$$y = \boxed{\text{HI}}\,x + \boxed{\text{J}}$$

である。

(2)　C と ℓ の共有点で，A と異なるものが 1 点存在する。それを B とすると，B の座標は $\left(\boxed{\text{K}},\, \boxed{\text{LM}} \right)$ である。

(3)　ℓ と平行な C の接線で，ℓ と異なるものが 1 本存在する。それを m とすると，C と m の接点の x 座標は $\dfrac{\boxed{\text{N}}}{\boxed{\text{O}}}$ であり，m の方程式は $y = \boxed{\text{HI}}\,x + \dfrac{\boxed{\text{PQ}}}{\boxed{\text{RS}}}$ である。

(4)　C の接線で，その y 切片が ℓ の y 切片と同じであるものが ℓ の他に 2 本存在する。それら 2 本と C との接点の x 座標はそれぞれ

$$\dfrac{\boxed{\text{T}} - \sqrt{\boxed{\text{U}}}}{\boxed{\text{V}}} \qquad と \qquad \dfrac{\boxed{\text{T}} + \sqrt{\boxed{\text{U}}}}{\boxed{\text{V}}}$$

である。

(5)　C と ℓ で囲まれた部分の面積は $\dfrac{\boxed{\text{W}}}{\boxed{\text{XY}}}$ である。

- 計算欄 (memo) -

Ⅲ の問題はこれで終わりです。Ⅲ の解答欄 Z はマークしないでください。

$\boxed{\text{IV}}$

関数 $f(a) = \displaystyle\int_a^{a+1} |e^x - 2|\ dx$ の値を最小にする a の値を求めよう。

$$|e^x - 2| = \begin{cases} e^x - 2 & \left(x \geqq \log \boxed{\text{A}}\right) \\ 2 - e^x & \left(x \leqq \log \boxed{\text{A}}\right) \end{cases}$$

である。

a を場合分けして $f(a)$ を考える。

次の文中の $\boxed{\text{G}}$, $\boxed{\text{P}}$, $\boxed{\text{Q}}$, $\boxed{\text{U}}$ には，下の選択肢 ⓪ または ① から適するものを選びなさい。また，その他の $\boxed{}$ には，適する数を入れなさい。

⓪ 増加   ① 減少

(i) $a < \log \boxed{\text{B}} - \boxed{\text{C}}$ のとき

$$f(a) = \boxed{\text{D}} + e^a \left(\boxed{\text{E}} - e\right),$$
$$f'(a) = e^a \left(\boxed{\text{F}} - e\right)$$

であるから，$f(a)$ は $\boxed{\text{G}}$ である。

(ii) $\log \boxed{\text{B}} - \boxed{\text{C}} \leqq a < \log \boxed{\text{B}}$ のとき

$$f(a) = \boxed{\text{H}} \log 2 - \boxed{\text{I}} - \boxed{\text{J}} a + e^a \left(e + \boxed{\text{K}}\right),$$
$$f'(a) = -\boxed{\text{L}} + e^a \left(e + \boxed{\text{M}}\right)$$

である。よって，$a = \log \dfrac{\boxed{\text{N}}}{e + \boxed{\text{O}}}$ のとき $f'(a) = 0$ となり

$\log \boxed{\text{B}} - \boxed{\text{C}} \leqq a < \log \dfrac{\boxed{\text{N}}}{e + \boxed{\text{O}}}$ において，$f(a)$ は $\boxed{\text{P}}$，

$\log \dfrac{\boxed{\text{N}}}{e + \boxed{\text{O}}} < a < \log \boxed{\text{B}}$ において，$f(a)$ は $\boxed{\text{Q}}$

である。

（$\boxed{\text{IV}}$ は次ページに続く）

(iii) $a \geqq \log \boxed{\text{B}}$ のとき

$$f(a) = e^a \left(e - \boxed{\text{R}} \right) - \boxed{\text{S}},$$
$$f'(a) = e^a \left(e - \boxed{\text{T}} \right)$$

であるから，$f(a)$ は $\boxed{\text{U}}$ である。

したがって，(i), (ii), (iii) より，$f(a)$ は $a = \log \dfrac{\boxed{\text{V}}}{e + \boxed{\text{W}}}$ のとき最小となる。

$\boxed{\text{IV}}$ の問題はこれで終わりです。$\boxed{\text{IV}}$ の解答欄 $\boxed{\text{X}} \sim \boxed{\text{Z}}$ はマークしないでください。

コース 2 の問題はこれですべて終わりです。解答用紙の $\boxed{\text{V}}$ はマークしないでください。

解答用紙の解答コース欄に「コース 2」が正しくマークしてあるか，

もう一度確かめてください。

2023 Examination for Japanese University Admission
for International Students

Science (80 min.)

〖Physics, Chemistry, Biology〗

※ Choose and answer <u>two subjects</u>.
※ Answer the questions using <u>the front side of the answer sheet for one subject</u>, and <u>the reverse side for the other subject</u>.

I Rules of Examination

1. Do not leave the room without the proctor's permission.

2. Do not take this question booklet out of the room.

II Rules and Information Concerning the Question Booklet

1. Do not open this question booklet until instructed.

2. After instruction, write your name and examination registration number in the space provided below, as printed on your examination voucher.

3. The pages of each subject are as in the following table.

Subject	Pages
Physics	1 − 21
Chemistry	23 − 39
Biology	41 − 56

4. If your question booklet is missing any pages, raise your hand.

5. You may write notes and calculations in the question booklet.

III Rules and Information Concerning the Answer Sheet

1. You must mark your answers on the answer sheet with an HB pencil.

2. Each question is identified by one of the row numbers **1** , **2** , **3** , ⋯.
Follow the instruction in the question and completely black out your answer in the corresponding row of the answer sheet (mark-sheet).

3. Make sure also to read the instructions on the answer sheet.

※ Once you are instructed to start the examination, fill in your examination registration number and name.

Examination registration number		*				*					
Name											

Physics

Marking your Choice of Subject on the Answer Sheet

Choose and answer two subjects from Physics, Chemistry, and Biology. Use the front side of the answer sheet for one subject, and the reverse side for the other subject.

As shown in the example on the right, if you answer the Physics questions, circle "Physics" and completely fill in the oval under the subject name.

If you do not correctly fill in the appropriate oval, your answers will not be graded.

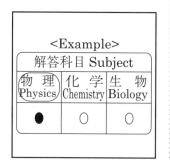

<Example>

解答科目 Subject		
物　理 Physics	化　学 Chemistry	生　物 Biology
●	○	○

I Answer questions **A** (**Q1**), **B** (**Q2**), **C** (**Q3**), **D** (**Q4**), **E** (**Q5**), and **F** (**Q6**) below, where g denotes the magnitude of acceleration due to gravity, and air resistance is negligible.

A As shown in the figure below, a thin uniform rod with a length of 1.2 m and a weight of 10 N is suspended horizontally using string 1 attached to the rod's left end and string 2 attached to the right end. Also, a weight W is suspended using string 3 attached to a point on the rod that is 0.3 m from the rod's left end. Here, the rod remains horizontal, all strings are vertical, and the rod and the weight are at rest. The tension in string 2 is 20 N. The masses of all strings are negligible.

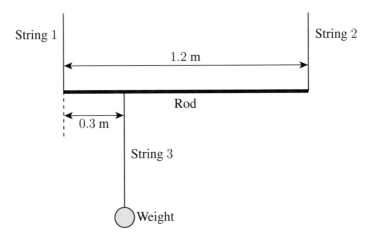

Q1 What is W (in N)? From ①-⑥ below choose the best answer. | 1 | N

① 30 ② 40 ③ 50 ④ 60 ⑤ 70 ⑥ 80

B The figure below is a graph showing the relationship between velocity v and time t for an object moving in a straight line.

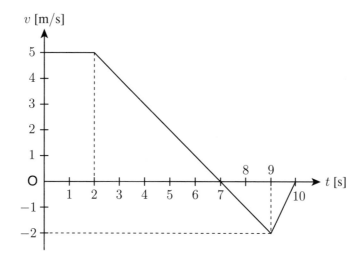

Q2 What is the displacement (in m) of the object in the time from $t = 0$ s to $t = 10$ s? From ①-⑤ below choose the best answer. $\boxed{2}$ m

① 17.5   ② 19.5   ③ 21.5   ④ 23.5   ⑤ 25.5

C A small object with a mass of 5.0 kg is moving in a straight line with a speed of 4.0 m/s. A force is applied to the small object in the direction of its velocity. The figure below is a graph showing the relationship between the magnitude F of the applied force and the displacement x of the object in the time since the force started to be applied.

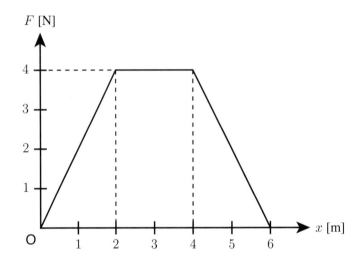

Q3 What is the kinetic energy (in J) of the object at $x = 6.0$ m? From ①-⑤ below choose the best answer.　　　　　　　　　　　　　　　　　　　　　　　　　　　　 **3** J

　　① 　50　　　　　② 　52　　　　　③ 　54　　　　　④ 　56　　　　　⑤ 　58

D On a frictionless horizontal plane, a small object initially at rest splits into a small object with mass m and a small object with mass M. Immediately after splitting, the object with mass m has speed v and kinetic energy e, and the object with mass M has speed V and kinetic energy E.

Q4 What is $\dfrac{v}{V}$? Also, what is $\dfrac{e}{E}$? From ①-⑧ below choose the correct combination. **4**

	①	②	③	④	⑤	⑥	⑦	⑧
$\dfrac{v}{V}$	$\dfrac{m}{M}$	$\dfrac{m}{M}$	$\dfrac{m}{M}$	$\dfrac{m}{M}$	$\dfrac{M}{m}$	$\dfrac{M}{m}$	$\dfrac{M}{m}$	$\dfrac{M}{m}$
$\dfrac{e}{E}$	$\dfrac{m}{M}$	$\dfrac{m^2}{M^2}$	1	$\dfrac{M}{m}$	$\dfrac{M}{m}$	$\dfrac{M^2}{m^2}$	1	$\dfrac{m}{M}$

E As shown in Figure 1 below, a weight with mass m is suspended from a ceiling using a spring with spring constant k. The weight is made to undergo simple harmonic motion by gently releasing it from a position where the spring is at its natural length. Here, the frequency and the amplitude of the weight's simple harmonic motion are f_0 and A_0, respectively. Next, as shown in Figure 2, a weight with mass $3m$ is suspended from the ceiling using two identical springs, each with spring constant k, that are arranged parallel to each other. The weight is made to undergo simple harmonic motion by gently releasing it from a position where the springs are at their natural length. Here, the frequency and the amplitude of the weight's simple harmonic motion are f_1 and A_1, respectively. The masses of all springs are negligible.

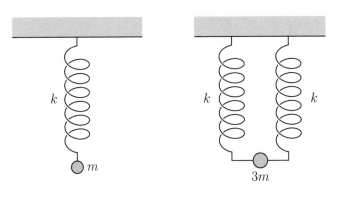

Figure 1   Figure 2

Q5   What is $\dfrac{f_1}{f_0}$? Also, what is $\dfrac{A_1}{A_0}$? From ①-④ below choose the correct combination.

$$\boxed{5}$$

	①	②	③	④
$\dfrac{f_1}{f_0}$	$\sqrt{\dfrac{2}{3}}$	$\sqrt{\dfrac{2}{3}}$	$\sqrt{\dfrac{3}{2}}$	$\sqrt{\dfrac{3}{2}}$
$\dfrac{A_1}{A_0}$	$\dfrac{2}{3}$	$\dfrac{3}{2}$	$\dfrac{2}{3}$	$\dfrac{3}{2}$

F The distance between the center of the moon and the center of the earth is approximately 60 times the radius of the earth. Let us assume that the center of the moon undergoes uniform circular motion concentric with the earth, with a period of approximately 27 days. Also, let us consider a certain artificial satellite undergoing uniform circular motion concentric with the earth, with a radius 5.0 times the radius of the earth.

Q6 What is the period (in h) of the artificial satellite's uniform circular motion? From ①-⑥ below choose the best answer. $\boxed{6}$ h

① 1.5 ② 3.0 ③ 15 ④ 30 ⑤ 150 ⑥ 300

II Answer questions **A** (Q1), **B** (Q2), and **C** (Q3) below.

A As shown in the figure below, a container with a heat capacity of 120 J/K is enclosed in thermal insulation. Water of 400 g is placed inside this container, and after sufficient time elapses, the temperature of the container and the water is 13 °C. Subsequently, a metal ball with a mass of 200 g at 90 °C is placed inside the container, and after sufficient time elapses, the temperature of the container, the water, and the metal ball is 20 °C. Assume that the specific heat of water is 4.2 J/(g · K), and that heat is transferred only among the container, the water, and the metal ball. The metal ball is made of one of the following materials: gold, silver, copper, iron, or aluminum. The specific heat of each of those materials is indicated in the table below.

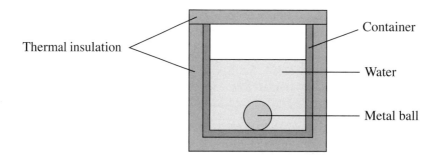

Material	Gold	Silver	Copper	Iron	Aluminum
Specific heat [J/(g · K)]	0.13	0.24	0.39	0.45	0.90

Q1 What material is the metal ball made of? From ①-⑤ below choose the best answer. **7**

① Gold   ② Silver   ③ Copper   ④ Iron   ⑤ Aluminum

B As shown in the figure below, an ideal gas is enclosed in a cylinder with a smoothly moving piston. The cylinder readily conducts heat. The pressure of the ideal gas inside the cylinder is equal to atmospheric pressure, and its absolute temperature is equal to the absolute temperature of the atmosphere. When atmospheric pressure at the ground surface is $p_0 = 1000$ hPa (1 hPa $= 10^2$ Pa) and the atmosphere's absolute temperature is $T_0 = 300$ K, the volume of the gas inside the cylinder is V_0. The cylinder is placed on a balloon and slowly ascends in the sky. When it reaches a certain altitude, the volume of the gas inside the cylinder is $V_1 = 1.30V_0$. At this altitude, the atmospheric pressure is p_1 and the atmosphere's absolute temperature is $T_1 = 286$ K. The cylinder is kept horizontal.

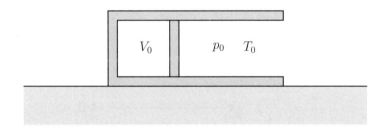

Q2 What is p_1 (in hPa)? From ①-⑥ below choose the best answer. $\boxed{8}$ hPa

① 690   ② 710   ③ 730   ④ 750   ⑤ 770   ⑥ 790

C A certain quantity of an ideal gas is enclosed in a cylinder with a smoothly moving piston. As shown in the p–V diagram below, the state of the gas is changed in the path state A → state B → state C → state A. During this process of change of state, the work done on the environment by the gas is W.

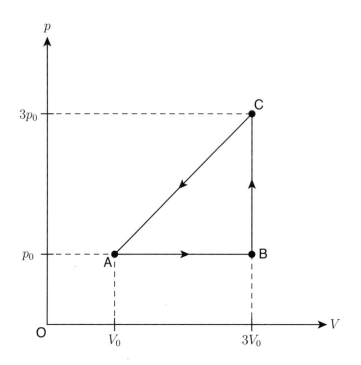

Q3 What is W? From ①-⑥ below choose the correct answer. [9]

① $2p_0V_0$ ② $4p_0V_0$ ③ $6p_0V_0$

④ $-2p_0V_0$ ⑤ $-4p_0V_0$ ⑥ $-6p_0V_0$

III   Answer questions **A (Q1)**, **B (Q2)**, and **C (Q3)** below.

A   A sinusoidal wave is propagating along an x-axis with a speed of 0.1 m/s in the positive direction of the x-axis. The figure below is a graph showing the relationship between displacement y of the medium at the origin ($x = 0$ m) and time t.

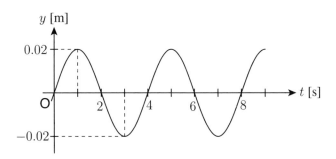

Q1   What would be the graph showing the relationship between displacement y and position x at time $t = 0$ s? From ①-④ below choose the correct answer.   **10**

①
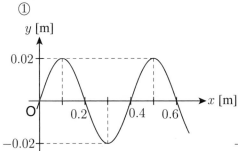

②
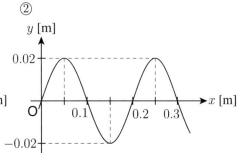

③
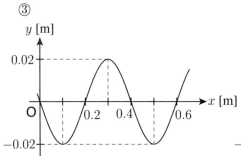

④
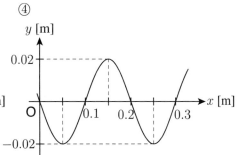

B As shown in the figure below, sound sources A and B, both emitting sound at the same frequency f_0, and stationary observer O are arranged in a straight line. A is moving along the line toward O with speed v, and B is moving along the line away from O with speed $2v$. O observes beats f times per unit time. Let us denote as V the speed of sound. Here, v is substantially smaller than V.

Q2 What is $\dfrac{f}{f_0}$? From ①-④ below choose the best answer.   **11**

① $\dfrac{vV}{(V+v)(V-2v)}$ ② $\dfrac{vV}{(V-v)(V+2v)}$

③ $\dfrac{3vV}{(V+v)(V-2v)}$ ④ $\dfrac{3vV}{(V-v)(V+2v)}$

C The surface of a slab of glass (absolute refractive index $n_g = 1.5$) is uniformly covered by a film (absolute refractive index $n_f = 1.4$) with thickness d. As shown in the figure below, monochromatic light with a wavelength of 560 nm (in air) is projected from the air (absolute refractive index $n_a = 1.0$) perpendicularly toward the film's upper surface. As a result of destructive interference between light beam **A**, which is reflected from the film's upper surface, and light beam **B**, which passes through the film's upper surface and is reflected from the film's lower surface, the reflected light is dark. Let us denote as θ_A the phase shift of light beam **A** during its reflection, and as θ_B the phase shift of light beam **B** during its reflection.

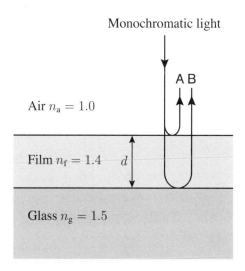

Monochromatic light

A B

Air $n_a = 1.0$

Film $n_f = 1.4$ d

Glass $n_g = 1.5$

Q3 Are the values of θ_A and θ_B 0 or π? Also, what is d (in nm)? From ①-⑧ below choose the best combination. | 12 |

	①	②	③	④	⑤	⑥	⑦	⑧
θ_A	0	0	0	0	π	π	π	π
θ_B	0	0	π	π	0	0	π	π
d (nm)	100	200	100	200	100	200	100	200

IV Answer questions **A** (Q1), **B** (Q2), **C** (Q3), **D** (Q4), **E** (Q5), and **F** (Q6) below.

A As shown in the figure below, a point charge $2Q$ ($Q > 0$) is fixed in place at the origin of an x-axis ($x = 0$) and a point charge $-Q$ is fixed in place at position $x = a$ ($a > 0$) on the x-axis. The magnitude of the electric field produced by the two point charges is zero at position $x = d$ on the x-axis.

Q1 What is d? From ①-⑤ below choose the best answer. $\boxed{13}$

 ① $-a$ ② $(2 - \sqrt{2})a$ ③ $\dfrac{2}{3}a$

 ④ $2a$ ⑤ $(2 + \sqrt{2})a$

B As shown in the figure below, a point charge Q (> 0) is fixed in place at origin O. The three concentric circles centered on O (radii: $2R$, $3R$, $4R$) in the figure represent equipotential lines within a plane containing O (this page). An external force is applied to a point charge q (> 0), causing it to slowly move in the path shown (point A → point B → point C). The work done on this point charge by the external force during this process is W. Let us denote as k the proportionality constant of Coulomb's law.

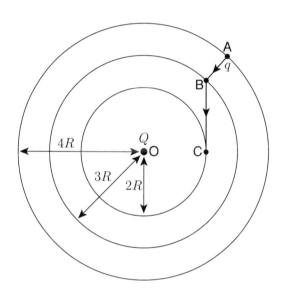

Q2 What is W? From ①-⑥ below choose the correct answer. **14**

① $\dfrac{1}{4}\dfrac{kqQ}{R}$

② $\dfrac{1}{3}\dfrac{kqQ}{R}$

③ $\dfrac{5}{12}\dfrac{kqQ}{R}$

④ $-\dfrac{1}{4}\dfrac{kqQ}{R}$

⑤ $-\dfrac{1}{3}\dfrac{kqQ}{R}$

⑥ $-\dfrac{5}{12}\dfrac{kqQ}{R}$

C A battery with electromotive force V, a resistor, a capacitor with capacitance C, a capacitor with capacitance $2C$, a capacitor with capacitance $3C$, and switch S are connected as shown in the figure below. Initially, S is open and the three capacitors are uncharged. Next, S is closed, and after sufficient time elapses, the voltage across the capacitor with capacitance $2C$ is V_1.

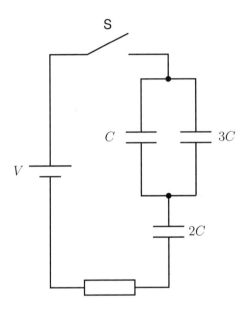

Q3 What is $\dfrac{V_1}{V}$? From ①-⑥ below choose the best answer. | 15 |

① $\dfrac{1}{3}$ ② $\dfrac{2}{5}$ ③ $\dfrac{1}{2}$ ④ $\dfrac{3}{5}$ ⑤ $\dfrac{2}{3}$ ⑥ $\dfrac{3}{4}$

D A resistor with resistance R, a resistor with resistance $2R$, and a battery with electromotive force V are connected in series as shown in Figure 1. Let us denote as P_1 the total amount of electric power consumed by the two resistors in this circuit. Next, the two resistors and the battery are connected in parallel as shown in Figure 2. Let us denote as P_2 the total amount of electric power consumed by the two resistors in this circuit. The internal resistance of the battery is negligible.

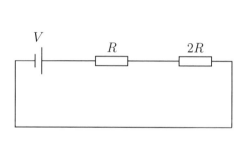

Figure 1

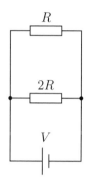

Figure 2

Q4　What is $\dfrac{P_2}{P_1}$? From ①-⑧ below choose the best answer.　　　16

① $\dfrac{2}{9}$　　　② $\dfrac{4}{9}$　　　③ $\dfrac{2}{3}$　　　④ $\dfrac{3}{4}$

⑤ $\dfrac{4}{3}$　　　⑥ $\dfrac{3}{2}$　　　⑦ $\dfrac{9}{4}$　　　⑧ $\dfrac{9}{2}$

E As shown in the figure below, two sufficiently long straight conducting wires are fixed in place parallel to each other within this page and are separated by distance $4r$. An electric current with magnitude I is flowing downward through the left wire, and an electric current with magnitude I is flowing upward through the right wire. A circular coil (radius: r) is fixed in place within this page, and is centered on point O, which is also within this page and is the same distance $2r$ from both wires. When a current with magnitude I_1 is passed through the coil in a certain direction, the magnitude of the magnetic field produced at O by the three currents is zero.

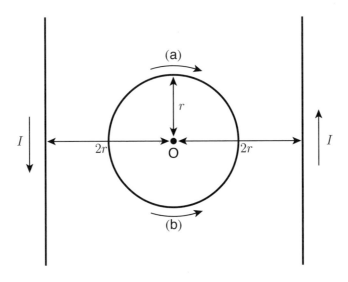

Q5 What is $\dfrac{I_1}{I}$? Also, is the direction of the electric current flowing in the coil in the direction indicated by arrow (a) (clockwise), or in the direction indicated by arrow (b) (counterclockwise) in the figure? From ①-⑧ below choose the best combination. **17**

	①	②	③	④	⑤	⑥	⑦	⑧
$\dfrac{I_1}{I}$	$\dfrac{1}{2\pi}$	$\dfrac{1}{2\pi}$	$\dfrac{1}{\pi}$	$\dfrac{1}{\pi}$	π	π	2π	2π
Direction	(a)	(b)	(a)	(b)	(a)	(b)	(a)	(b)

F As shown in the figure below, rectangular circuit $P_1P_2Q_2Q_1$ is fixed in place within a horizontal plane (this page). The length of sides P_1Q_1 and P_2Q_2 is a. A resistor with resistance R_1 is connected to side P_1Q_1, and a resistor with resistance R_2 is connected to side P_2Q_2. A conducting rod is placed across sides P_1P_2 and Q_1Q_2, perpendicular to them. Let us denote as S the point of contact between the conducting rod and side P_1P_2, and as T the point of contact between the conducting rod and side Q_1Q_2. The conducting rod is in electrical contact with the circuit at S and T. A uniform magnetic field (magnitude of magnetic flux density: B) is applied to the region containing the circuit and conducting rod, in the vertically upward direction (the direction from the back of this page to the front). The conducting rod is slid across sides P_1P_2 and Q_1Q_2, remaining perpendicular to them, to the right with a constant speed of v. As this occurs, an electrical current with magnitude I flows through the conducting rod between S and T in a certain direction. Electrical resistance in all parts of the circuit other than the two resistors is negligible.

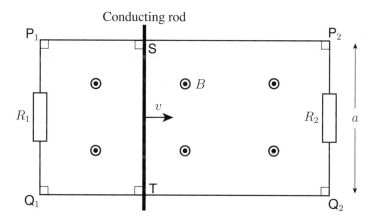

Q6 What is I? Also, is the direction of the electric current flowing through the rod between S and T in the direction S→T, or T→S? From ①-④ below choose the correct combination.

18

	①	②	③	④
I	$\dfrac{Bav}{R_1 + R_2}$	$\left(\dfrac{1}{R_1} + \dfrac{1}{R_2}\right)Bav$	$\dfrac{Bav}{R_1 + R_2}$	$\left(\dfrac{1}{R_1} + \dfrac{1}{R_2}\right)Bav$
Direction	S→T	S→T	T→S	T→S

V Answer question **A** (Q1) below.

A An atomic nucleus **X** that has mass number A and atomic number Z is expressed as $_Z^A$X. Tritium is a radioisotope of hydrogen whose nucleus comprises one proton and two neutrons. The nucleus emits beta radiation, and changes into the stable nucleus [a] at a half-life of 12.3 years.

Q1 What atomic nucleus fills blank [a] in the paragraph above? From ①-⑥ below choose the best answer. **19**

① $_1^2$H   ② $_1^3$H   ③ $_2^3$He   ④ $_2^4$He   ⑤ $_3^3$Li   ⑥ $_3^4$Li

End of Physics questions. Leave the answer spaces $\boxed{20}$ – $\boxed{75}$ blank. Please check once more that you have properly marked the name of your subject as "Physics" on your answer sheet.

Do not take this question booklet out of the room.

Chemistry

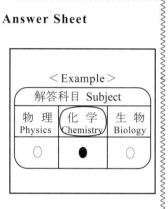
Unless noted otherwise, assume that all gases are ideal gases.

Use the following values for calculation. The unit of volume "liter" is represented by "L".

Standard state: 0 ℃, 1.01×10^5 Pa (1 atm)

The molar volume of an ideal gas at the standard state: 22.4 L/mol

Gas constant: $R = 8.31 \times 10^3$ Pa·L/(K·mol)

Avogadro constant: $N_A = 6.02 \times 10^{23}$ /mol

Faraday constant: $F = 9.65 \times 10^4$ C/mol

Atomic weight: H : 1.0 C : 12 N : 14 O : 16 Na : 23

The relation between the group and the period of elements used in this examination is indicated in the following periodic table. Atomic symbols other than **H** are omitted.

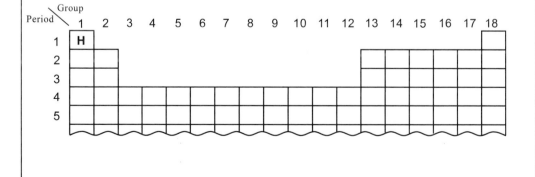

Science—24

Q1 From ①-⑥ below choose the one in which the numbers corresponding to the following **A-C** are arranged in decreasing order. $\boxed{1}$

    A The number of protons in ^{19}F

    B The number of neutrons in ^{23}Na

    C The number of electrons in $^{27}Al^{3+}$

   ① **A > B > C**   ② **A > C > B**   ③ **B > A > C**

   ④ **B > C > A**   ⑤ **C > A > B**   ⑥ **C > B > A**

Q2 From the following statements ①-⑤ concerning the size of atoms and their ions, choose the correct one. $\boxed{2}$

   ① The Li^+ ion is larger than the Li atom.

   ② The Al atom is smaller than the Al^{3+} ion.

   ③ The O^{2-} ion is smaller than the O atom.

   ④ The Ca^{2+} ion is smaller than the Ca atom.

   ⑤ The I atom is larger than the I^- ion.

Q3 From ①-⑥ below choose the correct one in which the numbers of unshared electron pairs in each of the following molecules **a-c** are arranged in decreasing order. $\boxed{3}$

    a CO_2 **b** H_2S **c** PH_3

  ① **a** > **b** > **c**   ② **a** > **c** > **b**   ③ **b** > **a** > **c**
  ④ **b** > **c** > **a**   ⑤ **c** > **a** > **b**   ⑥ **c** > **b** > **a**

Q4 From the following molecules ①-⑥, choose the polar molecule in which all of the constituent atoms are in the same plane. $\boxed{4}$

  ① ammonia (NH_3)

  ② benzene (C_6H_6)

  ③ carbon dioxide (CO_2)

  ④ acetylene (C_2H_2)

  ⑤ hydrogen cyanide (HCN)

  ⑥ tetrachloromethane (CCl_4)

Q5   Consider the two aqueous solutions **A** and **B** described below.

A   6.0 mol/L aqueous sodium hydroxide (NaOH). The density of this solution is 1.2 g/mL.

B   Aqueous sodium hydroxide, the mass percent concentration of which is 10 %.

Calculate the mass percent concentration of aqueous sodium hydroxide when 150 mL of **A** and 120 g of **B** are mixed. From ①-⑤ below choose the closest value. | **5** | %

①   12   ②   16   ③   18   ④   32   ⑤   40

Q6   From ①-⑥ in the table below, choose the correct combination of true-false judgments on the following statements **A**-**D** concerning pH.

| **6** |

A   When an aqueous solution of an acid is neutralized with an aqueous solution of a base, an aqueous solution of pH 7.0 is obtained regardless of the kinds of acid and base.

B   The pH value of 0.10 mol/L aqueous acetic acid (CH_3COOH) is larger than that of 0.10 mol/L hydrochloric acid (HCl aq).

C   The concentration of OH^- in an aqueous solution of pH 3.0 is 100 times as large as that of an aqueous solution of pH 1.0.

D   When an aqueous solution of pH 6.0 is diluted by 100 times with pure water, an aqueous solution of pH 8.0 is obtained.

	A	**B**	**C**	**D**
①	true	true	true	true
②	false	false	true	false
③	true	false	false	true
④	false	true	true	false
⑤	true	false	true	false
⑥	false	true	false	true

Q7 From the following reactions ①-⑤, choose the one in which water acts as an oxidizing agent. $\boxed{7}$

① $CaC_2 + 2 H_2O \longrightarrow Ca(OH)_2 + C_2H_2$

② $C_2H_4 + H_2O \xrightarrow{\text{catalyst}} C_2H_5OH$

③ $2 Na + 2 H_2O \longrightarrow 2 NaOH + H_2$

④ $CaO + H_2O \longrightarrow Ca(OH)_2$

⑤ $SO_2 + H_2O \longrightarrow H_2SO_3$

Q8   The following drawing is the phase diagram of water. Each region I-III represents a gas, liquid, or solid phase.

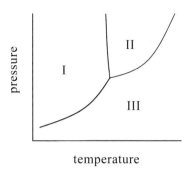

temperature

From ①-⑧ in the table below, choose the combination of state changes corresponding to the phenomena indicated in the following descriptions **a-c**.   **8**

a   When water is heated, it boils and turns into water vapor.

b   When ice is left in a freezer, its volume decreases.

c   When a cold beverage is placed in a glass, drops of water may appear on the outside surface of the glass.

	a	b	c
①	I → II	I → III	II → III
②	I → II	II → III	III → II
③	I → III	III → I	II → III
④	II → III	I → II	I → III
⑤	II → III	I → III	III → II
⑥	II → III	II → I	III → I
⑦	III → I	III → II	II → I
⑧	III → II	I → III	II → III

Q9 The thermochemical equation of the combustion of acetylene (C_2H_2) is given below.

$$C_2H_2(g) + \frac{5}{2} O_2(g) = 2 CO_2(g) + H_2O(l) + 1301 \text{ kJ}$$

Calculate the heat of formation of acetylene in kJ/mol. From ①-⑥ below, choose the closest value. Assume that the heat of combustion of graphite (C) and hydrogen (H_2) is 394 kJ/mol and 286 kJ/mol, respectively. $\boxed{9}$ kJ/mol

① -454 ② -227 ③ -123 ④ 123 ⑤ 227 ⑥ 454

Q10 Molten salt electrolysis of aluminum oxide (Al_2O_3) was carried out in the presence of cryolite (Na_3AlF_6) using carbon electrodes at high temperature. At the anode, carbon (C) of the carbon electrode and O^{2-} reacted to produce 0.60 mol of CO and 3.0 mol of CO_2. How many moles of metallic aluminum (Al) were obtained at the cathode? From ①-⑥ below choose the closest value.

$\boxed{10}$ mol

①　1.2　　②　2.8　　③　3.6　　④　4.4　　⑤　8.4　　⑥　13.2

Q11 From ①-⑤ below, choose the statement that is correct for both aluminum (Al) and iron (Fe). $\boxed{11}$

① Both elements are transition elements.

② Both metals are obtained by reducing their oxides with carbon monoxide (CO).

③ The oxidation number of both elements is +2 in their compounds.

④ Both metals barely react with concentrated nitric acid (HNO_3).

⑤ Both metals react with aqueous sodium hydroxide (NaOH) generating hydrogen (H_2).

Q12 Among the following statements **a-d** on halogens, two are correct. From ①-⑥ below choose the correct combination. $\boxed{12}$

a Fluorine (F_2) reacts with water to generate oxygen (O_2).

b Among the boiling points of hydrogen halides, that of hydrogen fluoride (HF) is the lowest.

c Bromine (Br_2) is a red-brown liquid at room temperature.

d Silver chloride (AgCl) is a white solid and readily soluble in water.

① **a, b**   ② **a, c**   ③ **a, d**   ④ **b, c**   ⑤ **b, d**   ⑥ **c, d**

Q13 From the following experimental procedures ①-④, choose the one in which a gas is generated. $\boxed{13}$

① Aqueous potassium permanganate ($KMnO_4$) is added to aqueous hydrogen peroxide (H_2O_2) acidified with sulfuric acid.

② Aqueous potassium iodide (KI) is added to aqueous hydrogen peroxide.

③ Aqueous potassium dichromate ($K_2Cr_2O_7$) acidified with sulfuric acid is added to aqueous sulfur dioxide (SO_2).

④ Aqueous hydrogen sulfide (H_2S) is added to aqueous sulfur dioxide.

Q14 Suppose approximately 100 mL of water is added to 1 mol of each of the oxides ①-④. From ①-④ below, choose the one in which the concentration of hydroxide ion (OH^-) in the resultant aqueous solutions is the largest. $\boxed{14}$

① Na_2O ② Al_2O_3 ③ CaO ④ PbO_2

Q15   From ①-④ in the table below, choose the one that correctly states both the appropriate treatment to differentiate between aqueous solutions of the two ions and the expected results.   ┃**15**┃

	Two kinds of ions	Treatments and results
①	Cu^{2+}, Zn^{2+}	Aqueous ammonia (NH_3) is added. Cu^{2+}: A precipitate initially forms and dissolves on further addition. Zn^{2+}: A precipitate initially forms but does not dissolve on further addition.
②	Ca^{2+}, Pb^{2+}	Hydrochloric acid (HCl aq) is added. Ca^{2+}: No change is observed. Pb^{2+}: A white precipitate is formed.
③	Fe^{3+}, Al^{3+}	Aqueous sodium hydroxide (NaOH) is added. Fe^{3+}: A precipitate initially forms and dissolves on further addition. Al^{3+}: A precipitate initially forms but does not dissolve on further addition.
④	Ba^{2+}, Pb^{2+}	Dilute sulfuric acid (H_2SO_4) is added. Ba^{2+}: A white precipitate is formed. Pb^{2+}: No change is observed.

Q16 A certain acyclic hydrocarbon (C_nH_n) possesses one double bond and one triple bond. From ①-⑤ below, choose a value for n compatible with this description. $\boxed{\textbf{16}}$

① 4   ② 5   ③ 6   ④ 7   ⑤ 8

Q17   Among the following statements **a-d**, two are applicable to 2-butanol (CH₃CH(OH)CH₂CH₃). From ①-⑥ below choose the combination consisting of those two statements.   **17**

a   It has enantiomers.

b   It is negative to the iodoform reaction.

c   It gives an aldehyde when aqueous potassium dichromate ($K_2Cr_2O_7$) acidified with sulfuric acid is added.

d   Three alkenes with different structures are obtained on dehydration.

① **a, b**   ② **a, c**   ③ **a, d**   ④ **b, c**   ⑤ **b, d**   ⑥ **c, d**

Q18 To combust completely 1 mol of a certain alkene which has cis-trans isomers, 6 mol of oxygen (O_2) is required. From ①-⑥ below choose the alkene that fits this description.

① $CH_2=CHCH_2CH_3$ ② $CH_3CH=CHCH_3$

③ $CH_2=C(CH_3)_2$ ④ $CH_2=CHCH_2CH_2CH_3$

⑤ $CH_3CH=CHCH_2CH_3$ ⑥ $CH_3CH=C(CH_3)_2$

Q19 Among **a-d** in the following table, two of the statements in column **B** are correct as a method of synthesizing the organic compound in column **A**. From ①-⑥ below choose the correct combination. | 19 |

	A	B
a	⟨◯⟩–NO_2	Aqueous sodium nitrite is added to anilinium chloride.
b	⟨◯⟩–N(H)–C(=O)–CH_3	Acetic anhydride is added to aniline.
c	CH_3–C(=O)–OC_2H_5	A small amount of concentrated sulfuric acid (H_2SO_4) is added to a mixture of acetic acid and methanol, and the mixture is heated.
d	⟨◯⟩ O–C(=O)–CH_3, COOH	A small amount of concentrated sulfuric acid is added to a mixture of salicylic acid and acetic anhydride.

① a, b   ② a, c   ③ a, d   ④ b, c   ⑤ b, d   ⑥ c, d

Q20　Among the following polymers ①-⑥, choose the one that does **not** have double bonds.　　　　　　　　　　　　　　　　　　　　　　　　　**20**

① 　poly(ethylene terephthalate)

② 　nylon 6,6

③ 　polyethylene

④ 　poly(vinyl acetate)

⑤ 　polybutadiene

⑥ 　urea resin

End of Chemistry questions. Leave the answer spaces **21** ～ **75** blank.
Please check once more that you have properly marked the name of your subject as "Chemistry" on your answer sheet.

Do not take this question booklet out of the room.

Biology

Q1 Certain organelles have their own DNA. Which organelles among Golgi bodies, chloroplasts, and mitochondria have their own DNA? From ① – ⑥ below choose the correct combination, where ○ indicates the organelle has its own DNA and × indicates it does not. ☐1

	Golgi bodies	Chloroplasts	Mitochondria
①	○	○	○
②	○	×	○
③	○	×	×
④	×	○	○
⑤	×	○	×
⑥	×	×	○

Q2 What are the terms used for underlined structures a –c in the following paragraph describing the structure of proteins? From ① – ⑥ below choose the correct combination. | **2** |

Proteins are made up of polypeptides, which are chains of many amino acids. Basically, the a <u>amino acid sequence</u> of the polypeptide determines the conformation of each protein. Within the conformation of protein, there are regions with distinctive b <u>α-helix and β-sheet structures</u>. Some proteins are made up of c <u>multiple polypeptides assembled together</u>.

	a	b	c
①	primary structure	secondary structure	tertiary structure
②	primary structure	secondary structure	quaternary structure
③	secondary structure	primary structure	tertiary structure
④	secondary structure	tertiary structure	quaternary structure
⑤	tertiary structure	secondary structure	quaternary structure
⑥	quaternary structure	tertiary structure	secondary structure

Q3 The following figure schematically represents the process of cellular respiration. Answer questions (1) and (2) below concerning this.

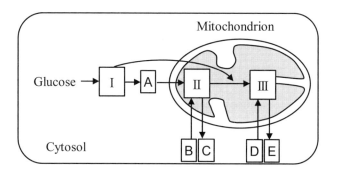

(1) From ① – ⑥ below choose the combination that correctly identifies reaction pathways I – III in the figure. ‎ **3**

	I	II	III
①	electron transport system	citric acid cycle	glycolysis
②	electron transport system	glycolysis	citric acid cycle
③	citric acid cycle	electron transport system	glycolysis
④	citric acid cycle	glycolysis	electron transport system
⑤	glycolysis	citric acid cycle	electron transport system
⑥	glycolysis	electron transport system	citric acid cycle

(2) From ① – ⑤ below choose the combination that correctly identifies the substances represented by A – E in the figure. ‎ **4**

	A	B	C	D	E
①	pyruvic acid	CO_2	H_2O	O_2	H_2O
②	pyruvic acid	O_2	H_2O	CO_2	O_2
③	pyruvic acid	H_2O	CO_2	O_2	H_2O
④	citric acid	O_2	H_2O	CO_2	O_2
⑤	citric acid	H_2O	CO_2	O_2	H_2O

Q4 The following paragraph describes the utilization of atmospheric nitrogen (N_2). From ① – ⑧ below choose the combination of terms that correctly fills blanks | a | – | c | in the paragraph.

5

The atmosphere contains a large amount of nitrogen, but only a few types of organisms are able to directly use atmospheric nitrogen. Certain types of bacteria, such as | a |, are able to take in nitrogen from the atmosphere and reduce it to | b |. This process is called | c |.

	a	b	c
①	root nodule bacteria	NH_4^+	nitrogen assimilation
②	root nodule bacteria	NH_4^+	nitrogen fixation
③	root nodule bacteria	NO_3^-	nitrogen assimilation
④	root nodule bacteria	NO_3^-	nitrogen fixation
⑤	nitrifying bacteria	NH_4^+	nitrogen assimilation
⑥	nitrifying bacteria	NH_4^+	nitrogen fixation
⑦	nitrifying bacteria	NO_3^-	nitrogen assimilation
⑧	nitrifying bacteria	NO_3^-	nitrogen fixation

Q5 The following figure schematically represents continuous processes of transcription and translation that occur one after another in bacteria. Do the RNA polymerases on the DNA move in the direction of A, or B? Also, do the ribosomes on the mRNA move in the direction of C, or D? From ① – ④ below choose the correct combination.

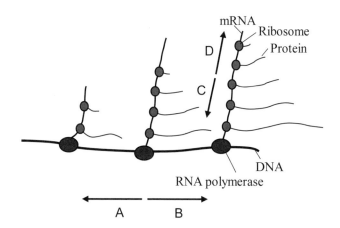

	Direction of movement of RNA polymerases	Direction of movement of ribosomes
①	A	C
②	A	D
③	B	C
④	B	D

Q6 The following statements a – e describe the genotypes of germ cells formed by meiosis. From ①–⑤ below choose the combination indicating all statements that are correct. Here, genes A (a) and B (b) are independent of each other.

a   A mother cell with the genotype *AABB* produces two types of germ cells that have distinctive genotypes.

b   A mother cell with the genotype *AaBB* produces two types of germ cells that have distinctive genotypes.

c   A mother cell with the genotype *AaBb* produces four types of germ cells that have distinctive genotypes.

d   A mother cell with the genotype *AABb* produces four types of germ cells that have distinctive genotypes.

e   A mother cell with the genotype *aaBB* produces one type of germ cells that all have the same genotype.

① a, b   ② a, c   ③ b, c, e   ④ b, d   ⑤ c, d, e

Q7 The following figure schematically represents the process of sperm formation in animals. Referring to this figure, from ① – ④ below choose the statement that correctly describes cell division in animal sperm formation.

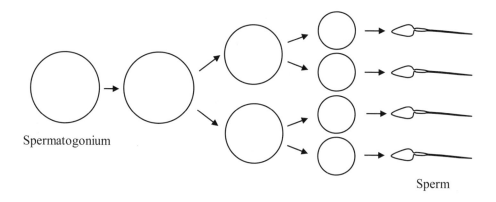

8

Spermatogonium

Sperm

① A polar body is formed when spermatids are formed.

② Four sperm are formed from one primary spermatocyte.

③ Four sperm are formed from one secondary spermatocyte.

④ Spermatids become sperm through mitosis.

Q8 The following figure schematically represents a cross section of a frog tailbud. What organ or tissue differentiates from neural tube in the figure? From ① – ⑥ below choose the correct answer. 　　　　　9

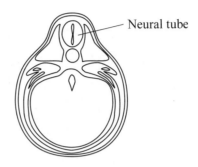

Neural tube

① crystalline lens of the eye, bone marrow

② crystalline lens of the eye, spinal cord

③ crystalline lens of the eye, blood vessels

④ retina of the eye, bone marrow

⑤ retina of the eye, spinal cord

⑥ retina of the eye, blood vessels

Q9 The following statements a−c describe the function of three types of leukocytes involved in immunity. From ① − ⑥ below choose the combination that correctly identifies the leukocyte described by each statement. `10`

a   They present antigens to various T cells, providing a trigger for acquired (adaptive) immune response.

b   They attack and destroy infected cells.

c   They can differentiate into antibody-producing plasma cells.

	a	b	c
①	killer T cells	B cells	dendritic cells
②	killer T cells	dendritic cells	B cells
③	B cells	killer T cells	dendritic cells
④	B cells	dendritic cells	killer T cells
⑤	dendritic cells	killer T cells	B cells
⑥	dendritic cells	B cells	killer T cells

Q10 The following table lists reactions of various organs when the sympathetic nervous system acts upon them. From ① – ⑧ below choose the combination of terms that correctly fills a – c in the table. | 11 |

	Pupil	Bronchus	Gastrointestinal peristalsis	Heartbeat
Effect of sympathetic nervous system	dilation	a	b	c

	a	b	c
①	dilation	stimulation	acceleration
②	dilation	stimulation	reduction
③	dilation	inhibition	acceleration
④	dilation	inhibition	reduction
⑤	constriction	stimulation	acceleration
⑥	constriction	stimulation	reduction
⑦	constriction	inhibition	acceleration
⑧	constriction	inhibition	reduction

Q11 The following figure schematically represents a horizontal cross section of the human eye. When the eye views something nearby, what are the states of the ciliary muscle and the crystalline lens? From ① – ④ below choose the correct combination. ⟨12⟩

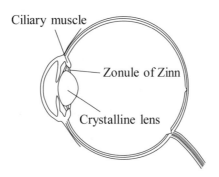

Ciliary muscle

Zonule of Zinn

Crystalline lens

	Ciliary muscle	Crystalline lens
①	relaxed	thicker
②	relaxed	thinner
③	contracted	thicker
④	contracted	thinner

Q12 The following paragraphs describe the change in the structure of the actin filaments involved in muscle contraction. Referring to the figure below, from ① – ⑥ below choose the combination of terms that correctly fill blanks $\boxed{\text{a}}$ – $\boxed{\text{c}}$ in the paragraphs. Note that $\boxed{\text{b}}$ and $\boxed{\text{c}}$ in the paragraphs represent the same terms that fill $\boxed{\text{b}}$ and $\boxed{\text{c}}$ in the figure.

$\boxed{\textbf{13}}$

Actin filaments and $\boxed{\text{a}}$ filaments are involved in skeletal muscle contraction.

Actin filaments consist of actin, and are associated with proteins called $\boxed{\text{b}}$ and $\boxed{\text{c}}$. When calcium ions (Ca^{2+}) released from the sarcoplasmic reticulum bind with $\boxed{\text{b}}$, the conformation of the $\boxed{\text{b}}$ changes. As a result, the conformation of $\boxed{\text{c}}$ also changes, enabling the $\boxed{\text{a}}$ filaments to bind with the actin filaments.

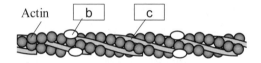

Actin $\boxed{\text{b}}$ $\boxed{\text{c}}$

	a	b	c
①	myosin	troponin	tropomyosin
②	myosin	tropomyosin	troponin
③	troponin	myosin	tropomyosin
④	troponin	tropomyosin	myosin
⑤	tropomyosin	myosin	troponin
⑥	tropomyosin	troponin	myosin

Q13 From ①–④ below choose the statement that correctly describes the action potential that occurs in a neuron. 　**14**

① The movement of action potentials along the axon is referred to as transmission of excitation.

② When a stimulus is applied to the central region of the axon, the resulting action potential is conducted only in the direction moving away from the cell body.

③ The conduction velocity of action potentials is faster in an unmyelinated nerve fibers than in myelinated nerve fibers, when comparing axons of the same diameter.

④ The magnitude of the action potential remains constant regardless of the intensity of stimulus that exceeds the threshold value.

Q14 Statements a – e describe the reactions of organisms to stimuli. From ①–⑥ below choose the combination indicating the statements that are correct. 　**15**

a The leaves of *Mimosa pudica* droops when touched as the result of thigmotropism.

b The coiling of plant tendrils around poles is the result of thigmonastic movement.

c Tulip flowers open when the air temperature rises as the result of thermonastic movement.

d In the breeding season, a male three-spined stickleback whose belly has turned red attacks other males with a red belly as the result of learning.

e The attraction of male silkmoths to females is the result of positive chemotaxis toward a sex pheromone.

① a, d　② a, e　③ b, d　④ b, e　⑤ c, d　⑥ c, e

Q15 An experiment was performed to observe bending of oat coleoptiles in a dark place when exposed to light from one direction, as shown in Figures 1 and 2 below.

First, as shown in Figure 1, when light was projected at the coleoptiles from the left, the untreated coleoptile bent to the left, but the one whose tip had been cut off did not bend.

Next, a piece of mica, which blocks the movement of substances, was inserted into coleoptiles as shown in A – D in Figure 2, and when light was projected at them from the left, two of them bent to the left. From ① – ⑥ below choose the combination correctly indicating the coleoptiles in A – D that bent. **16**

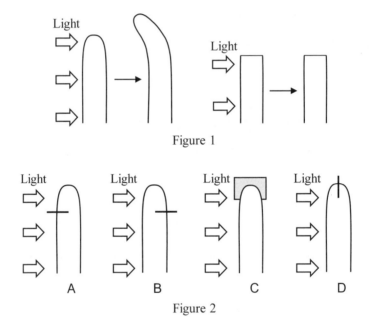

Figure 1

Figure 2

A: The mica was inserted horizontally on the side exposed to the light.

B: The mica was inserted horizontally on the side that was not exposed to the light.

C: The mica was inserted vertically, parallel to the direction of the light.

D: The mica was inserted vertically, perpendicular to the direction of the light.

① A, B   ② A, C   ③ A, D   ④ B, C   ⑤ B, D   ⑥ C, D

Q16 In animals, sometimes certain individuals or groups monopolize a particular space by excluding other individuals or groups of the same species from it. What is the term used for this space? From ① – ④ below choose the correct answer. | 17 |

① niche   ② territory   ③ habitat segregation

④ dominance hierarchy

Q17 The following figure shows the relationship between light intensity and photosynthetic rate for a certain sun plant and a certain shade plant. From ① – ④ below choose the statement that correctly describes the figure. Note that the temperature and respiration rate remained constant and CO_2 concentration was kept at the same concentration as in the atmosphere. | 18 |

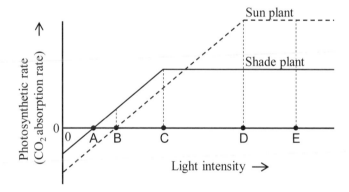

① For the sun plant, at the light intensities between B and D, an increase in light intensity does not change the photosynthetic rate.

② For the shade plant, at the light intensities between A and C, an increase in light intensity does not change the photosynthetic rate.

③ At the light intensities between A and C, the photosynthetic rate of the shade plant is higher than the photosynthetic rate of the sun plant.

④ For both the sun plant and the shade plant, the plants cannot grow at the light intensity below E.

End of Biology questions. Leave the answer spaces **19** ~ **75** blank.

Please check once more that you have properly marked the name of your subject as "Biology" on your answer sheet.

Do not take this question booklet out of the room.

2023 Examination for Japanese University Admission
for International Students

Japan and the World

(80 min.)

I   Rules of Examination

1. Do not leave the room without the proctor's permission.

2. Do not take this question booklet out of the room.

II   Rules and Information Concerning the Question Booklet

1. Do not open this question booklet until instructed.

2. After instruction, write your name and examination registration number in the space provided below, as printed on your examination voucher.

3. This question booklet has 29 pages.

4. If your question booklet is missing any pages, raise your hand.

5. You may write notes and calculations in the question booklet.

III   Rules and Information Concerning the Answer Sheet

1. You must mark your answers on the answer sheet with an HB pencil.

2. Each question is identified by one of the row numbers $\boxed{1}$, $\boxed{2}$, $\boxed{3}$, ⋯. Follow the instruction in the question and completely fill in your answer in the corresponding row of the answer sheet (mark-sheet).

3. Make sure also to read the instructions on the answer sheet.

※   Once you are instructed to start the examination, fill in your examination registration number and name.

Examination registration number		*				*						
Name												

Q1 Read the following paragraphs and answer questions (1)–(4) below.

Environmental issues are related to the advancement of industrialization. The ₁Industrial Revolution in the UK marked the beginning of full-scale manufacturing powered by fossil fuels. The subsequently increasing use of fossil fuels such as coal and oil contributed to the advancement of industrialization and economic growth, but caused air pollution, soil contamination, and other problems.

As pollution spread beyond national borders in the second half of the 20th century, these issues began to attract the attention of the international community as global environmental problems. The ₂UN General Assembly decided to convene an international conference in ₃Stockholm, Sweden, in 1972 to deal with these problems.

The Kyoto Protocol, adopted in 1997, was the first agreement to set specific reduction targets for ₄greenhouse gas emissions for developed countries. However, it did not set specific targets for BRICS nations or other rapidly growing emerging countries. The first international agreement to require all signatories, including developing countries, to make emission-reduction efforts was the Paris Agreement that came into effect in 2016.

(1) With reference to underlined item **1**, from ①–④ below choose the statement that best describes a technological innovation that took place during the Industrial Revolution. ⬚**1**

① Robert Fulton developed a practical steam locomotive, which enabled high-volume transport.

② James Watt improved the steam engine, enabling it to be applied to production machines.

③ Richard Arkwright invented a method of using coke in the ironmaking process, which enabled the mass production of iron.

④ George Stephenson realized an assembly-line method of automobile manufacturing, enabling a reduction in the price of automobiles.

(2) With reference to underlined item **2**, UN-led initiatives for dealing with global environmental issues continued after the conference in Stockholm. From ①–④ below choose the statement that best describes one such initiative. ⬚ **2**

① A resolution to establish the UN Environment Programme was adopted by the UN Conference on Sustainable Development.

② Emissions trading was introduced based on a resolution adopted by the UN General Assembly.

③ Agenda 21 was adopted at the UN Conference on Environment and Development.

④ The Convention on Biological Diversity was signed at the World Summit on Sustainable Development.

(3) With reference to underlined item **3**, from ①–④ on the latitude-longitude grid map below choose the answer that correctly indicates the location of Stockholm. ⬚ **3**

(4) With reference to underlined item **4**, the following figures show trends in CO_2 emissions and real GDP (domestic-currency basis; indexed to 1980 = 100) at 10-year intervals for Japan, the USA, China, and Brazil from 1980 to 2020. From ①-④ below choose the combination that correctly identifies the countries represented by figures A-D.

4

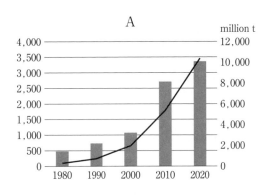

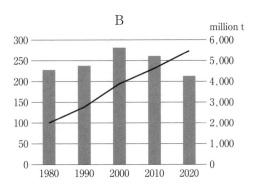

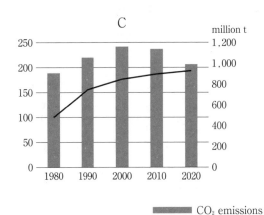

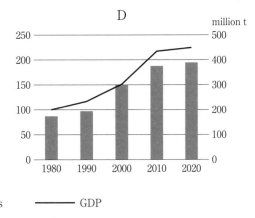

CO₂ emissions ———— GDP

Sources: Website of the World Bank and the *EDMC Handbook of Japan's & World Energy & Economic Statistics 2023*

	A	B	C	D
①	USA	China	Brazil	Japan
②	USA	China	Japan	Brazil
③	China	USA	Brazil	Japan
④	China	USA	Japan	Brazil

Q2 Read the following paragraphs and answer questions (1)–(4) below.

Travelers must in principle have a passport both to ₁enter Japan and to leave it. Passports serve as evidence of the holder's nationality and identity, and also function as official documents whereby the issuing country's government requests the destination country's government to protect the safety of the holder and provide assistance when necessary. The first passports to include photos were issued by ₂the UK in 1914. Japan began issuing passports with photos in 1917. The decision to do so was influenced by ☐ a .

Following World War II, the Japanese were subject to strict restrictions on traveling abroad because of such factors as Japan's insufficient ₃foreign-exchange reserves. However, the government liberalized business travel in April 1963 and travel for tourism in April 1964. At the end of 2022, the total number of valid Japanese passports exceeded 20 million.

(1) With reference to underlined item **1**, the figure below shows trends in the number of visitors to Japan according to nationality or region of origin from 1990 to 2020. From ①-④ below choose the combination that correctly identifies the countries and the region represented by A-D in the figure. ☐**5**

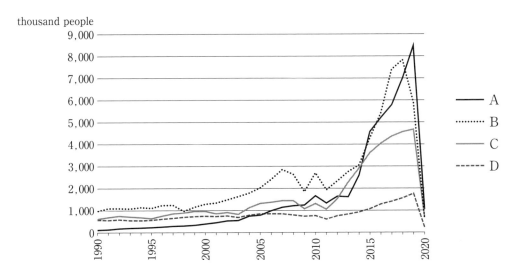

Source: Website of the Immigration Services Agency of Japan

	A	B	C	D
①	Taiwan	USA	China	South Korea
②	USA	Taiwan	South Korea	China
③	China	South Korea	Taiwan	USA
④	South Korea	Taiwan	China	USA

(2) With reference to underlined item **2**, A–D below describe the development of democracy in the UK. From ①-④ below choose the answer that best indicates an event that occurred in the 1910s. 　**6**

　　A : The Bill of Rights made Parliament superior to the monarchy.

　　B : The superiority of the House of Commons over the House of Lords was legally established.

　　C : The Fifth Reform Act granted universal suffrage to both men and women.

　　D : The House of Lords lost its function as the supreme court of judicature.

　　① 　A

　　② 　B

　　③ 　C

　　④ 　D

(3) From ①-④ below choose the phrase that best fills blank 　a 　in the passage above. 　**7**

　　① 　the establishment of the League of Nations

　　② 　the outbreak of World War I

　　③ 　the founding of Manchukuo

　　④ 　the formation of the Anglo-Japanese Alliance

(4) With reference to underlined item **3**, the following figure shows trends in the total foreign-exchange reserves (excluding gold) of Japan, the USA, China, and Switzerland from 1990 to 2022. From ①-④ below choose the combination that correctly identifies the countries represented by A–D in the figure.　　**8**

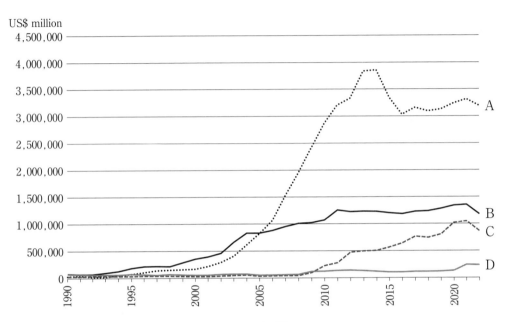

Source: Website of the International Monetary Fund (IMF)

	A	B	C	D
①	Switzerland	USA	China	Japan
②	Switzerland	Japan	China	USA
③	China	USA	Switzerland	Japan
④	China	Japan	Switzerland	USA

Q3　Various economic theories were proposed as capitalism evolved. From ①-④ below choose the answer that best indicates a view of international trade advocated by the economist mentioned.

9

①　Karl Marx argued for the protection of infant industries to shield workers from international competition.

②　Adam Smith argued that an increase in gains from trade driven by mercantilist policies brings prosperity to a country.

③　John Maynard Keynes revealed the mechanism by which countries' domestic prices and balances of payments are regulated by the inflow and outflow of gold in trade.

④　David Ricardo used the theory of comparative advantage to explain how countries can profit from trade in which each country specializes in certain goods or services.

Q4 Since 2020, the global spread of communicable disease has caused the reduction of production capacity and the disruption of supply networks in many countries. This effect has been regarded as a factor in the subsequent general rise in prices for goods and services. Suppose that D represents the aggregate demand curve and S represents the aggregate supply curve used to explain these phenomena. From ①-④ below choose the figure that best represents how the above series of events would shift the macroeconomy's aggregate demand curve or its aggregate supply curve. 　10

①

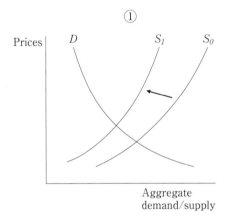

②

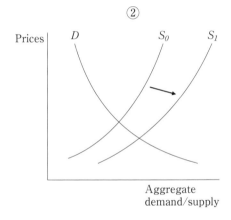

③

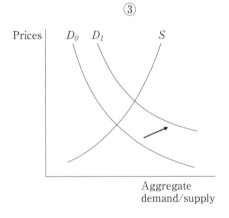

④

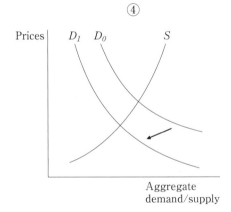

Q5 Public goods refer only to goods and services that exhibit both non-rivalry and non-excludability and are thought to be the responsibility of government to provide. Items A–D below are examples of government-provided services in Japan. From ①–④ below choose the answer that best indicates a service that has **neither** the characteristic of non-rivalry **nor** the characteristic of non-excludability.

11

A : Fire departments perform the emergency transport of acutely ill persons to the hospital.

B : Local governments broadcast information on disasters and disaster prevention on the radio.

C : The Self-Defense Forces protect citizens' lives and property through the deployment of missile-defense systems.

D : Public health centers collect information on food poisoning and, if necessary, order restaurants to suspend operation.

① A

② B

③ C

④ D

Q6 Business cycles or waves are classified into several types depending on their causes and time frames. From ①-④ below choose the statement that best describes the cycle or wave mentioned. 　　　　　　　　　　 **12**

① The Kondratiev wave is a wave with a period of about four years, and results from fluctuations in inventory investment.

② The Juglar cycle is a cycle with a period of about 10 years, and results from fluctuations in fixed investment.

③ The Kitchin cycle is a cycle with a period of about 20 years, and results from fluctuations in construction investment.

④ The Kuznets cycle is a cycle with a period of about 50 years, and results from technological innovation.

Q7 From ①-④ below choose the statement that best describes the selling operations of central banks. 　　　　　　　　　　 **13**

① Central banks sell government bonds in the financial market to provide a boost to the economy.

② Central banks sell stocks in the stock market to provide a boost to the economy.

③ Central banks sell government bonds in the financial market to prevent the economy from overheating.

④ Central banks sell stocks in the stock market to prevent the economy from overheating.

Q8 From ①-④ below choose the statement that best describes taxes in Japan. **14**

① The national government can levy taxes, but local public entities cannot.

② Direct taxes account for more than a half of total tax revenues.

③ Income and consumption are subject to taxation, but assets are not.

④ Customs rates are equal on all imports from the same country.

Q9 From ①-④ below choose the statement that best describes an agricultural policy in Japan after World War II. **15**

① During the Occupation, the Japanese government forcibly purchased agricultural land from landowners and sold it to tenants at a low price.

② During the period of rapid economic growth, the Japanese government strove to promote agriculture by allowing joint-stock companies to acquire agricultural land.

③ The Japanese government accepted the liberalization of orange imports as a result of agricultural negotiations in the Uruguay Round.

④ The Japanese government accepted the liberalization of all farm imports based on an agreement reached in the Doha Round.

Q10 The following table indicates the income inequality of Japan, the USA, Sweden, and Türkiye in 2018 in terms of the Gini coefficient. The Gini coefficient is an index of inequality across a distribution, and it ranges from 0 to 1. The closer the value is to 0, the higher the level of equality across the distribution. Conversely, the closer the value is to 1, the higher the level of inequality across the distribution. From ①-④ below choose the combination that correctly identifies the countries represented by A-C in the table. $\boxed{16}$

Country	Gini coefficient in income distribution
A	0.397
USA	0.393
B	0.334
C	0.273

Source: Website of the Organisation for Economic Co-operation and Development (OECD)

Note: Income is defined in OECD statistics as disposable household income.

	A	B	C
①	Japan	Sweden	Türkiye
②	Japan	Türkiye	Sweden
③	Türkiye	Sweden	Japan
④	Türkiye	Japan	Sweden

Q11 Starting in the second half of the 1970s, economic stagnation became a matter of concern in developed capitalist countries. In response, economic policies referred to by the terms Thatcherism and Reaganomics were implemented. From ①-④ below choose the statement that best describes policies taken in this period.

17

① Taxes were reduced to stimulate capital formation in the private sector.

② Private companies were converted to public ownership, mainly in core industries.

③ Labor unions were strengthened, promoting harmony between labor and capital.

④ Regulation was strengthened so as to stabilize the financial system.

Q12 From ①-④ below choose the statement that best indicates an effect of a sustained weakening of the Japanese yen.

18

① It can raise the yen-equivalent value of foreign-currency deposits.

② It can increase the number of overseas travelers from Japan.

③ It can harm the business performance of Japanese export companies.

④ It can lower the domestic price of imported raw materials.

Q13 The following figure shows trends in the USA's current-account balance, goods trade balance, services trade balance, and income balance from 2001 to 2021. From ①-④ in the figure choose the curve that represents the current-account balance. Note that the income balance indicates the total of the primary income balance and the secondary income balance. 　　**19**

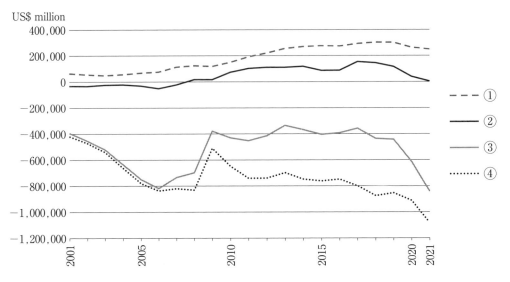

Source: Website of the IMF

Q14 The following figure schematically represents a tectonic-plate boundary. From ①-④ below choose the answer that best indicates a region where this type of boundary can be found. **20**

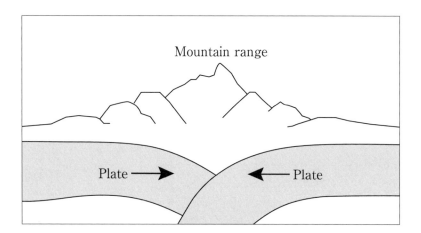

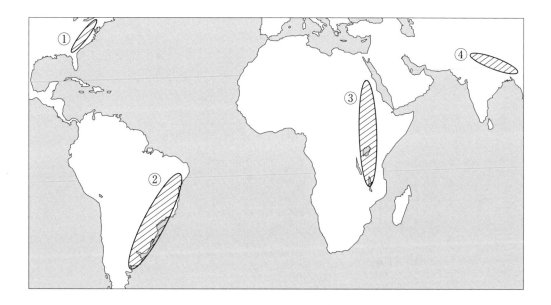

Q15 From ①-④ on the map below choose the answer that correctly identifies the city represented by the following hythergraph. **21**

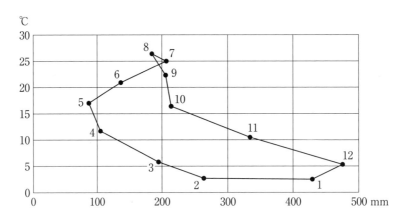

Source: Website of the Japan Meteorological Agency

Q16 The shaded states on the following map of the USA were the country's five largest producers of a certain crop in 2021. From ①-④ below choose the answer that correctly identifies that crop. **22**

Source: *Databook of the World 2023*

① rice

② wheat

③ soybeans

④ cotton

Q17 Various dietary habits attuned to the local climate and natural features are found around the world. The following table provides a breakdown (%) of the daily food supply per capita (on a weight basis) of Japan, India, Bangladesh, and Mongolia in 2020. From ①-④ below the table choose the answer that represents Japan. **23**

%

	Cereals	Potatoes and sweet potatoes	Vegetables	Meat	Cow milk and milk products	Fishery products
①	20.8	12.2	11.5	27.4	27.9	0.1
②	32.9	6.0	23.6	13.9	11.7	11.8
③	48.4	7.6	23.4	1.2	17.3	2.1
④	64.6	13.2	10.9	1.1	4.0	6.3

Source: *Sekai kokusei-zue 2023/24*

Q18 The following figure represents the proportion (%) of employed persons by industry in India, Ethiopia, the Czech Republic, and Japan in 2020. From ①-④ below choose the combination that correctly identifies the countries represented by A-D. **24**

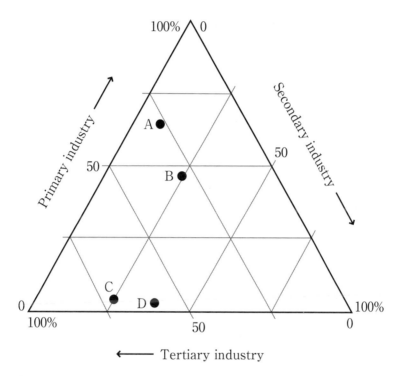

Source: *Databook of the World 2023*

	A	B	C	D
①	India	Ethiopia	Czech Republic	Japan
②	Japan	Czech Republic	India	Ethiopia
③	Czech Republic	Japan	Ethiopia	India
④	Ethiopia	India	Japan	Czech Republic

Q19 From ①-④ below choose the statement that best describes Max Weber. **25**

① He stressed the importance of sovereignty as a way of legitimizing an absolutist state.

② He explained the legitimacy of authority in terms of three types: traditional authority, charismatic authority, and rational-legal authority.

③ Having experienced the cruel violations of human rights by a fascist regime, he argued that fundamental human rights should be guaranteed by the international community.

④ He advocated the realization of social equality through public ownership of the means of production and exclusion of the power of the capitalist class.

Q20 From ①-④ below choose the statement that best describes the contemporary National Diet of Japan. **26**

① Extraordinary sessions of the Diet are convoked at the request of the Supreme Court.

② In order for treaties to be concluded, they must be approved by the Diet.

③ Bills must be submitted first to the House of Representatives.

④ In cases where the House of Representatives and the House of Councillors make different decisions on a matter, a meeting of a joint committee of both Houses must be held.

Q21　From ①-④ below choose the statement that best describes ministers of state in contemporary Japan. **27**

① Ministers of state cannot concurrently serve as Diet members.

② Ministers of state are individually responsible to the Diet.

③ Ministers of state are appointed by the Prime Minister.

④ Ministers of state may not be civilians.

Q22　From ①-④ below choose the statement that best describes public prosecutors in contemporary Japan. **28**

① They initiate prosecution in criminal cases as representatives of the public interest.

② They serve as the plaintiff's stand-in in civil cases.

③ They oversee the conduct of trials by judges.

④ They have the power to determine the rules governing lawsuits.

Q23　From ①-④ below choose the item that does **not** accurately represent a duty of the people prescribed by the Constitution of Japan. **29**

① working

② paying taxes

③ supporting a parent who is economically impoverished

④ having children under their protection receive ordinary education

Q24 From ①-④ below choose the statement that best describes the system of local government in contemporary Japan. $\boxed{30}$

①　Administrative committees were abolished as a step toward integrating different executive organs.

②　The chief executive does not have the power to dissolve the assembly.

③　The chief executive and the members of the assembly are all elected directly.

④　Increased decentralization has made it possible to enact local ordinances that conflict with national law.

Q25 Items A-D below are events that occurred during the Cold War. From ①-④ below choose the answer that correctly arranges these events in chronological order. $\boxed{31}$

A : Outbreak of the Korean War

B : Berlin Blockade

C : Cuban Missile Crisis

D : End of the Vietnam War

①　A → C → B → D

②　B → A → C → D

③　C → D → B → A

④　D → A → C → B

Q26 From ①-④ below choose the statement that best describes international law.

32

① International law includes multilateral treaties such as the Convention on the Prevention and Punishment of the Crime of Genocide and the Treaty on the Non-Proliferation of Nuclear Weapons.

② The codification of both diplomatic privilege and the principle of freedom of the high seas is prohibited.

③ Institutions do not yet exist for resolving international conflicts in accordance with international law.

④ The concept of international law arose from the Treaty of Versailles as a way to define the relationships among sovereign states.

Q27 From ①-④ below choose the answer that correctly indicates a country that, as part of the process of European integration, became a member of the EU after that organization's founding.

33

① Sweden

② Italy

③ Spain

④ Greece

Q28 From ①-④ below choose the statement that best describes the Congress of Vienna held from 1814 to 1815. | **34** |

① The UK relinquished its continental possessions, and in return its annexation of Ireland was formally recognized.

② Italy's possession of Trieste and South Tyrol was recognized.

③ The Southern Netherlands gained independence from the Kingdom of the Netherlands as the country of Belgium.

④ The House of Bourbon was restored in France in accordance with the principle of legitimacy.

Q29 From ①-④ below choose the statement that best describes an effect of the Crimean War that ended in 1856. | **35** |

① Various domestic reforms were carried out in Russia, including the promulgation of the Edict of Emancipation.

② Austria assumed control over the Balkan Peninsula.

③ Egypt sold its shares in the Suez Canal Company for use in debt redemption.

④ Foreign countries stopped interfering in the affairs of the Ottoman Empire, enabling it to strengthen a political regime founded on Islam.

Q30 The Spanish-American War that broke out in 1898 ended in victory for the USA. From ①-④ below choose the answer that best indicates a former Spanish colony that the USA gained through the peace treaty for this war. **36**

① Mexico

② Haiti

③ Hawaii

④ Philippines

Q31 The state-run Yawata Steel Works, a mill for manufacturing iron and steel, began operations in Japan in 1901. From ①-④ on the map below choose the answer that correctly indicates the location of this mill. **37**

Q32 From ①-④ below choose the statement that best describes the division of the Middle East after the end of World War I. | 38 |

① The area currently called Türkiye was made a mandate under British control.

② The area currently called Jordan was made a mandate under Italian control.

③ The area currently called Syria was made a mandate under French control.

④ The area currently called Israel was made a mandate under US control.

The end of the questions for Japan and the World. Leave answer spaces | 39 | — | 60 | blank.

Do not take this question booklet out of the room.

2023 Examination for Japanese University Admission
for International Students

Mathematics (80 min.)

【Course 1(Basic), Course 2(Advanced)】

※ Choose <u>one</u> of these courses and answer its questions only.

I Rules of Examination

1. Do not leave the room without proctor's permission.

2. Do not take this question booklet out of the room.

II Instructions for the Question Booklet

1. Do not open this question booklet until instructed.

2. After being instructed, write your name and examination registration number in space provided below, as printed on your examination voucher.

3. Course 1 is on pages 1-13, and Course 2 is on pages 15-27.

4. If your question booklet is missing any pages, raise your hand.

5. You may write notes and calculations in the question booklet.

III Instructions for how to answer the questions

1. You must mark your answers on the answer sheet with an HB pencil.

2. Each letter **A**, **B**, **C**, ⋯ in the questions represents a numeral (from 0 to 9) or the minus sign($-$). When you mark your answers, fill in the oval completely for each letter in the corresponding row of the answer sheet(mark-sheet).

3. Sometimes an answer such as $\boxed{\text{A}}$ or $\boxed{\text{BC}}$ is used later in the question. In such a case, the symbol is shaded when it is used later, as $\boxed{\text{A}}$ or $\boxed{\text{BC}}$.

Note the following :

(1) Reduce square roots ($\sqrt{}$) as much as possible.
    (Example: Express $\sqrt{32}$ as $4\sqrt{2}$, not as $2\sqrt{8}$ or $\sqrt{32}$.)

(2) For fractions, attach the minus sign to the numerator, and reduce the fraction to its lowest terms.

(Example: Substitute $\frac{1}{3}$ for $\frac{2}{6}$. Also simplify as follows:

$-\frac{2}{\sqrt{6}} = \frac{-2\sqrt{6}}{6} = \frac{-\sqrt{6}}{3}$. Then apply $\frac{-\sqrt{6}}{3}$ to the answer.)

(3) If your answer to $\dfrac{\boxed{\text{A}}\sqrt{\boxed{\text{B}}}}{\boxed{\text{C}}}$ is $\dfrac{-\sqrt{3}}{4}$, mark as shown below.

(4) If the answer to $\boxed{\text{DE}}\,x$ is $-x$, mark "$-$" for **D** and "1" for **E** as shown below.

A	●	⓪	①	②	③	④	⑤	⑥	⑦	⑧	⑨
B	⊖	⓪	①	②	●	④	⑤	⑥	⑦	⑧	⑨
C	⊖	⓪	①	②	③	●	⑤	⑥	⑦	⑧	⑨
D	●	⓪	①	②	③	④	⑤	⑥	⑦	⑧	⑨
E	⊖	⓪	●	②	③	④	⑤	⑥	⑦	⑧	⑨

4. Carefully read the instructions on the answer sheet, too.

※ Once you are instructed to start the examination, fill in your examination registration number and name.

Examination registration number		✳				✳					
Name											

Mathematics Course 1
(Basic Course)

(Course 2 begins on page 15)

Marking Your Choice of Course on the Answer Sheet

Choose to answer <u>either</u> Course 1 or Course 2.

If you choose Course 1, for example, circle the label "Course 1" and completely fill in the oval under the label on your answer sheet as shown in the example on the right.

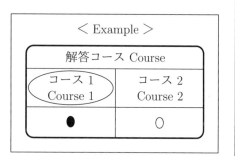

If you do not correctly fill in the appropriate oval, your answers will not be graded.

Mathematics—2

I

Q 1   Consider the quadratic function $f(x) = -x^2 + 4x + 5$.

(1)   The coordinates of the vertex of the parabola $y = f(x)$ are $\left(\boxed{\text{A}}, \boxed{\text{B}} \right)$.

(2)   Let $y = g(x)$ be the parabola obtained by translating the parabola $y = f(x)$ by k along the x-axis and by -4 along the y-axis. Then we have

$$g(x) = -\left(x - \boxed{\text{C}} - k \right)^2 + \boxed{\text{D}}.$$

(3)   In the following sentences, for $\boxed{\text{E}}$, choose the correct answer from among choices ⓪ ~ ④ under this question, for $\boxed{\text{F}}$, choose the correct answer from among choices ⑤ ~ ⑨ under this question, and for the other $\boxed{}$, enter the correct number.

Let us find the value of k such that the maximum value of the function $g(x)$ on $-1 \leqq x \leqq 4$ is 3. Since the maximum value of function $g(x)$ is $\boxed{\text{D}}$, k satisfies either condition $\boxed{\text{E}}$ or condition $\boxed{\text{F}}$. Hence we have

$$k = -\boxed{\text{G}} - \sqrt{\boxed{\text{H}}}, \qquad k = \boxed{\text{I}} + \sqrt{\boxed{\text{J}}}.$$

⓪ $k < -5$ and $k^2 + 6k + 7 = 0$ ① $k < -5$ and $k^2 - 4k + 2 = 0$

② $k < -3$ and $k^2 + 7k + 6 = 0$ ③ $k < -3$ and $k^2 + 6k + 7 = 0$

④ $k < -3$ and $k^2 - 4k + 2 = 0$

⑤ $k > 2$ and $k^2 - 6k + 4 = 0$ ⑥ $k > 2$ and $k^2 + 6k + 7 = 0$

⑦ $k > 2$ and $k^2 - 4k + 2 = 0$ ⑧ $k > 4$ and $k^2 - 4k + 2 = 0$

⑨ $k > 4$ and $k^2 + 6k + 7 = 0$

- memo -

Q 2   We have two regular polyhedrons, a regular tetrahedron and a cube. We are to paint each face of the polyhedron with one of six colors — red, blue, yellow, green, orange, and purple — so that no two adjacent faces have the same color. Note that even if the polyhedron is rotated, the way of coloring the faces is not considered to change.

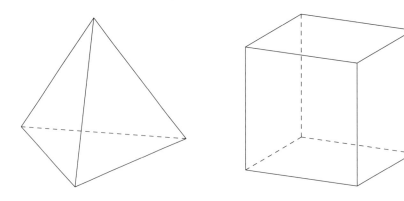

(1)   First, let us consider the regular tetrahedron. Note that $\boxed{\textbf{KL}}$ combinations of four colors can be made from six colors. Now, with a given combination, for example, red, blue, yellow, and green, if we for instance paint the bottom red, there are $\boxed{\textbf{M}}$ ways in which the other colors can be painted. Therefore, there are $\boxed{\textbf{NO}}$ different ways to paint the faces of a tetrahedron using six colors.

(2)   Similarly, let us consider how to paint the faces of a cube.

  (i)   There are $\boxed{\textbf{PQ}}$ ways to paint a cube using all 6 colors.

  (ii)   Also, there are $\boxed{\textbf{RS}}$ ways to paint a cube using all of the 5 colors excluding purple.

- memo -

This is the end of the questions for $\boxed{\text{I}}$. Leave the answer spaces $\boxed{\textbf{T}}$ $\sim$ $\boxed{\textbf{Z}}$ of $\boxed{\text{I}}$ blank.

II

Q 1   Answer the following questions.

(1)   When $(-x + 2y + 3z)(2x - 3y + 4z)(3x + 4y - 5z)$ is expanded, the coefficient of xyz is

$\boxed{\textbf{A B C}}$.

(2)   When $\dfrac{479}{700}$ is expressed as a decimal, the numeral in the 2023rd decimal place is

$\boxed{\textbf{D}}$.

(3)   Below, repeating decimals are written as in the following examples:

$$0.121212\cdots = 0.\dot{1}\dot{2} \qquad 0.345345345\cdots = 0.\dot{3}4\dot{5}.$$

Let $a = 0.\dot{2}2\dot{8}$ and $b = 0.\dot{3}3524\dot{4}$, and let $x = 2a - b$. When x is expressed as a repeating decimal, we have

$$x = 0.\boxed{\overset{\bullet\,\bullet}{\textbf{E F}}}.$$

Here, noting that

$$100x = \boxed{\textbf{G H}} + x,$$

we see that x can be also expressed as the irreducible fraction

$$x = \frac{\boxed{\textbf{I}}}{\boxed{\textbf{J K}}}.$$

- memo -

Q 2   Consider the quadratic inequalities in x

$$x^2 - 3x + 2 < 0 \qquad \cdots\cdots \quad ①$$
$$x^2 - 2ax - 3a^2 < 0. \qquad \cdots\cdots \quad ②$$

(1)   The solution to inequality ① is $\boxed{L} < x < \boxed{M}$.

(2)   For $\boxed{O} \sim \boxed{Q}$ in the following sentences, choose the correct answer from among choices ⓪ $\sim$ ⑨ below, and for $\boxed{N}$, enter the correct number.

Let us find the solution to inequality ②.

When $a > \boxed{N}$, the solution is $\boxed{O}$;

when $a = \boxed{N}$, the solution is $\boxed{P}$;

when $a < \boxed{N}$, the solution is $\boxed{Q}$.

⓪ $a < x < -3a$ 　　　　 ① $-a < x < 3a$

② $-2a < x < 3a$ 　　　 ③ $1 < x < 3a^2$

④ $3a < x < -a$ 　　　　 ⑤ $-3 < x < a^2$

⑥ $-3a < x < -a$ 　　　 ⑦ $3a < x < a$

⑧ all real numbers 　　　 ⑨ there is no solution

(Q 2 is continued on the next page.)

(3)　The range of values of a such that ② holds for all x which satisfy ① is

$$a \leq \boxed{RS}, \qquad a \geq \frac{\boxed{T}}{\boxed{U}}.$$

(4)　The range of values of a such that there is no real number x which satisfies both ① and ② is

$$\boxed{VW} \leq a \leq \frac{\boxed{X}}{\boxed{Y}}.$$

This is the end of the questions for $\boxed{\text{II}}$. Leave the answer space $\boxed{Z}$ of $\boxed{\text{II}}$ blank.

Consider the two integers $a = 588$ and $b = 1260$.

(1)   The prime factorizations of a and b yield

$$a = 2^{\boxed{A}} \cdot 3 \cdot \boxed{B}^{\boxed{C}} \quad \text{and} \quad b = 2^{\boxed{D}} \cdot 3^{\boxed{E}} \cdot \boxed{F} \cdot \boxed{G},$$

where $\boxed{F} < \boxed{G}$. Hence, the greatest common divisor of a and b is $\boxed{HI}$.

(2)   Consider the positive integers c satisfying the following conditions (i) and (ii).

(i)   The greatest common divisor of a, b, and c is equal to the greatest common divisor of a and b.

(ii)   The least common multiple of a, b, and c is four times the least common multiple of a and b.

There are a total of $\boxed{J}$ integers c that satisfy conditions (i) and (ii). The smallest such c is $\boxed{KLM}$.

(3)   For integers a and b, let us find the integral solutions x, y of the equation

$$ax - by = \boxed{KLM}. \quad \cdots\cdots\cdots \text{①}$$

Note that it is sufficient to find the integral solutions x, y of the equation

$$\boxed{N}\,x - \boxed{OP}\,y = \boxed{Q}. \quad \cdots\cdots\cdots \text{②}$$

Among the pairs of positive integers x and y that satisfy equation ②, the one that has the smallest y is the pair

$$x = \boxed{R}, \quad y = \boxed{S}.$$

Thus, the integral solutions x, y of equation ① are

$$x = \boxed{T} + \boxed{UV}\,k, \quad y = \boxed{W} + \boxed{X}\,k,$$

where k is an integer.

- memo -

This is the end of the questions for $\boxed{\text{III}}$. Leave the answer spaces $\boxed{\textbf{Y}}$, $\boxed{\textbf{Z}}$ of $\boxed{\text{III}}$ blank.

IV

As shown in the figure below, let circle O be the circumscribed circle of triangle ABC, and E be the intersection of the diameter AD of O and the side BC. Also, $AC = 2\sqrt{3}$, $\angle BAD = 15°$, and the radius of circle O is $\sqrt{6}$. From this we are to find a numerical expression for the value of $\cos 15°$. We are also to find the ratios of the areas of triangles ABC, EAC, and EBD.

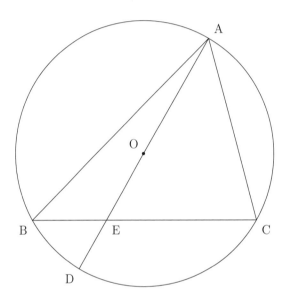

(1)　From the sine theorem we have that $\angle ABC = \boxed{\textbf{AB}}°$ and $BC = \boxed{\textbf{C}}\sqrt{\boxed{\textbf{D}}}$. Furthermore, from the cosine theorem we also have that $AB = \sqrt{\boxed{\textbf{E}} + \boxed{\textbf{F}}}$. Hence we obtain

$$\cos 15° = \frac{\sqrt{\boxed{\textbf{G}}} + \sqrt{\boxed{\textbf{H}}}}{\boxed{\textbf{I}}},$$

where $\boxed{\textbf{G}} < \boxed{\textbf{H}}$.

(2)　Since $\angle AEC = \boxed{\textbf{JK}}°$, we see that $CE = \boxed{\textbf{L}}\sqrt{\boxed{\textbf{M}}}$. Hence we have that $DE = \sqrt{\boxed{\textbf{N}}} - \sqrt{\boxed{\textbf{O}}}$. Thus we obtain that

$$\triangle ABC : \triangle EAC : \triangle EBD = \boxed{\textbf{P}} : \boxed{\textbf{Q}} : \left(\boxed{\textbf{R}} - \sqrt{\boxed{\textbf{S}}}\right).$$

- memo -

Mathematics Course 2
(Advanced Course)

Marking Your Choice of Course on the Answer Sheet

Choose to answer <u>either</u> Course 1 or Course 2.

If you choose Course 2, for example, circle the label "Course 2" and completely fill in the oval under the label on your answer sheet as shown in the example on the right.

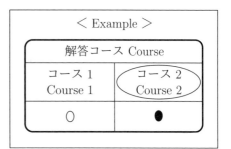

If you do not correctly fill in the appropriate oval, your answers will not be graded.

Q 1   Consider the quadratic function $f(x) = -x^2 + 4x + 5$.

(1)   The coordinates of the vertex of the parabola $y = f(x)$ are $\left(\boxed{\text{A}}, \boxed{\text{B}}\right)$.

(2)   Let $y = g(x)$ be the parabola obtained by translating the parabola $y = f(x)$ by k along the x-axis and by -4 along the y-axis. Then we have

$$g(x) = -\left(x - \boxed{\text{C}} - k\right)^2 + \boxed{\text{D}}.$$

(3)   In the following sentences, for $\boxed{\text{E}}$, choose the correct answer from among choices ⓪ ~ ④ under this question, for $\boxed{\text{F}}$, choose the correct answer from among choices ⑤ ~ ⑨ under this question, and for the other $\boxed{}$, enter the correct number.

Let us find the value of k such that the maximum value of the function $g(x)$ on $-1 \leqq x \leqq 4$ is 3. Since the maximum value of function $g(x)$ is $\boxed{\text{D}}$, k satisfies either condition $\boxed{\text{E}}$ or condition $\boxed{\text{F}}$. Hence we have

$$k = -\boxed{\text{G}} - \sqrt{\boxed{\text{H}}}, \qquad k = \boxed{\text{I}} + \sqrt{\boxed{\text{J}}}.$$

⓪ $k < -5$ and $k^2 + 6k + 7 = 0$ ① $k < -5$ and $k^2 - 4k + 2 = 0$

② $k < -3$ and $k^2 + 7k + 6 = 0$ ③ $k < -3$ and $k^2 + 6k + 7 = 0$

④ $k < -3$ and $k^2 - 4k + 2 = 0$

⑤ $k > 2$ and $k^2 - 6k + 4 = 0$ ⑥ $k > 2$ and $k^2 + 6k + 7 = 0$

⑦ $k > 2$ and $k^2 - 4k + 2 = 0$ ⑧ $k > 4$ and $k^2 - 4k + 2 = 0$

⑨ $k > 4$ and $k^2 + 6k + 7 = 0$

- memo -

Q 2   We have two regular polyhedrons, a regular tetrahedron and a cube. We are to paint each face of the polyhedron with one of six colors — red, blue, yellow, green, orange, and purple — so that no two adjacent faces have the same color. Note that even if the polyhedron is rotated, the way of coloring the faces is not considered to change.

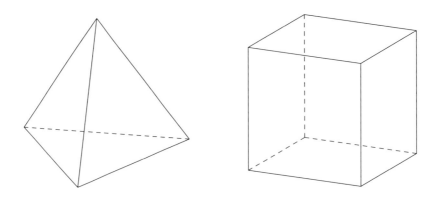

(1)   First, let us consider the regular tetrahedron. Note that $\boxed{\textbf{KL}}$ combinations of four colors can be made from six colors. Now, with a given combination, for example, red, blue, yellow, and green, if we for instance paint the bottom red, there are $\boxed{\textbf{M}}$ ways in which the other colors can be painted. Therefore, there are $\boxed{\textbf{NO}}$ different ways to paint the faces of a tetrahedron using six colors.

(2)   Similarly, let us consider how to paint the faces of a cube.

   (i)   There are $\boxed{\textbf{PQ}}$ ways to paint a cube using all 6 colors.

   (ii)   Also, there are $\boxed{\textbf{RS}}$ ways to paint a cube using all of the 5 colors excluding purple.

- memo -

This is the end of the questions for $\boxed{\text{I}}$. Leave the answer spaces $\boxed{\textbf{T}}$ ~ $\boxed{\textbf{Z}}$ of $\boxed{\text{I}}$ blank.

II

Q 1   Let E be the point which divides side AB of the rectangle ABCD internally by the ratio of 1 : 5, and let F be the point which divides side CD internally by the ratio of 1 : 2. Let G be the point of intersection of the diagonal line AC and the line segment EF. Also, BC = $\sqrt{3}$, and line segments BG and AC are orthogonal. We are to find the length of AB and the value of cos ∠CGF.

Note that below, $\overrightarrow{AB} = \vec{a}$, $\overrightarrow{AD} = \vec{b}$, and ∠CGF = θ.

For $\boxed{\text{C}}$, $\boxed{\text{G}}$, $\boxed{\text{H}}$ in the following sentences, choose the correct answer from among choices ⓪ ～ ⑨ under this question, and for the other $\boxed{}$, enter the correct number.

Since the ratio of line segment AG and line segment GC can be expressed by the simplest integral ratio as AG : GC = $\boxed{\text{A}}$: $\boxed{\text{B}}$, $\overrightarrow{BG}$ can be expressed using $\vec{a}$ and $\vec{b}$ as $\overrightarrow{BG} = \boxed{\text{C}}$. Hence, since $\overrightarrow{BG} \cdot \overrightarrow{AC} = \boxed{\text{D}}$, we have AB = $\dfrac{\sqrt{\boxed{\text{E}}}}{\boxed{\text{F}}}$.

Also, since $\overrightarrow{GC}$ and $\overrightarrow{GF}$ can be expressed as $\overrightarrow{GC} = \boxed{\text{G}}$ and $\overrightarrow{GF} = \boxed{\text{H}}$, we have that

$$\overrightarrow{GC} \cdot \overrightarrow{GF} = \dfrac{\boxed{\text{I}}}{\boxed{\text{J}}}.$$

Thus we obtain that cos $\theta = \dfrac{\boxed{\text{K}}\sqrt{\boxed{\text{L}}}}{\boxed{\text{M}}}$.

⓪ $\dfrac{1}{3}\left(\vec{a} + 2\vec{b}\right)$ ① $\dfrac{1}{3}\left(-2\vec{a} + \vec{b}\right)$ ② $\dfrac{1}{3}\left(2\vec{a} - \vec{b}\right)$ ③ $\dfrac{1}{3}\left(\vec{a} - 2\vec{b}\right)$

④ $\dfrac{1}{6}\left(\vec{a} + 2\vec{b}\right)$ ⑤ $\dfrac{1}{6}\left(-2\vec{a} + \vec{b}\right)$ ⑥ $\dfrac{1}{6}\left(2\vec{a} - \vec{b}\right)$ ⑦ $\dfrac{1}{6}\left(\vec{a} - 2\vec{b}\right)$

⑧ $\dfrac{1}{3}\left(\vec{a} + \vec{b}\right)$ ⑨ $\dfrac{2}{3}\left(\vec{a} + \vec{b}\right)$

- memo -

Q 2   Let us define a circle C and lines ℓ and m thus:

$$C : x^2 + y^2 - 4x - 2y + 5 - r^2 = 0$$

$$\ell : y = 2x - 1$$

$$m : y = \frac{3}{4}x - 1,$$

and let C' be the circle symmetrical to circle C with respect to line ℓ.

(1)   The center of circle C is $\left(\boxed{\text{N}}, \boxed{\text{O}} \right)$, and the radius is r.

(2)   Let us find the center (a, b) of circle C'. Since circles C and C' are symmetrical with respect to line ℓ, we have that

$$a = \frac{\boxed{\text{P}}}{\boxed{\text{Q}}}, \qquad b = \frac{\boxed{\text{R}}}{\boxed{\text{S}}}.$$

(3)   Let us find r such that circle C' touches line m. Since

$$r = \frac{\left| \boxed{\text{T}} a - \boxed{\text{U}} b - \boxed{\text{V}} \right|}{\boxed{\text{W}}},$$

we obtain that

$$r = \boxed{\text{X}}.$$

- memo -

This is the end of the questions for $\boxed{\text{II}}$. Leave the answer spaces $\boxed{\textbf{Y}}$, $\boxed{\textbf{Z}}$ of $\boxed{\text{II}}$ blank.

III

For the function $f(x) = x^3 - 4x^2 + 1$, let C be the curve $y = f(x)$. Let a be a real number and ℓ be the line tangent to C at point A $(1, a)$. Answer the following questions about C and ℓ.

(1) We have $a = \boxed{AB}$.

The slope of the line tangent to C at point $(t, f(t))$ is

$$\boxed{C}\, t^2 - \boxed{D}\, t,$$

and the y-intercept is

$$-\boxed{E}\, t^3 + \boxed{F}\, t^2 + \boxed{G}.$$

From these, the equation of ℓ is

$$y = \boxed{HI}\, x + \boxed{J}.$$

(2) C and ℓ have a point in common besides A, which we shall denote by B. The coordinates of B are $\left(\boxed{K}, \boxed{LM} \right)$.

(3) There is a tangent to C which is parallel to ℓ but different from it, which we shall denote by m. The x-coordinate of the point of contact of C and m is $\dfrac{\boxed{N}}{\boxed{O}}$, and the equation of m is $y = \boxed{HI}\, x + \dfrac{\boxed{PQ}}{\boxed{RS}}$.

(4) There are two other tangents to C whose y-intercepts are the same as that of ℓ. The x-coordinates of the points of contact of these two and C are

$$\dfrac{\boxed{T} - \sqrt{\boxed{U}}}{\boxed{V}} \quad \text{and} \quad \dfrac{\boxed{T} + \sqrt{\boxed{U}}}{\boxed{V}}.$$

(5) The area of the region enclosed by C and ℓ is $\dfrac{\boxed{W}}{\boxed{XY}}$.

- memo -

We are to find the value of a such that the value of the function $f(a) = \displaystyle\int_a^{a+1} |e^x - 2|\, dx$ is minimized.

We see that

$$|e^x - 2| = \begin{cases} e^x - 2 & \left(x \geqq \log \boxed{\text{A}}\right) \\ 2 - e^x & \left(x \leqq \log \boxed{\text{A}}\right). \end{cases}$$

Let us consider $f(a)$ by dividing a into cases.

For $\boxed{\text{G}}$, $\boxed{\text{P}}$, $\boxed{\text{Q}}$, $\boxed{\text{U}}$ in the following sentences, choose the correct answer from among choices ⓪ or ① below, and for the other $\boxed{}$, enter the correct number.

⓪ increasing   ① decreasing

(i) When $a < \log \boxed{\text{B}} - \boxed{\text{C}}$, we have

$$f(a) = \boxed{\text{D}} + e^a \left(\boxed{\text{E}} - e\right),$$
$$f'(a) = e^a \left(\boxed{\text{F}} - e\right).$$

Hence, in this case, $f(a)$ is $\boxed{\text{G}}$.

(ii) When $\log \boxed{\text{B}} - \boxed{\text{C}} \leqq a < \log \boxed{\text{B}}$,

$$f(a) = \boxed{\text{H}} \log 2 - \boxed{\text{I}} - \boxed{\text{J}} a + e^a \left(e + \boxed{\text{K}}\right),$$
$$f'(a) = -\boxed{\text{L}} + e^a \left(e + \boxed{\text{M}}\right).$$

So, at $a = \log \dfrac{\boxed{\text{N}}}{e + \boxed{\text{O}}}$, $f'(a) = 0$.

Hence,

when $\log \boxed{\text{B}} - \boxed{\text{C}} \leqq a < \log \dfrac{\boxed{\text{N}}}{e + \boxed{\text{O}}}$, $f(a)$ is $\boxed{\text{P}}$,

and

when $\log \dfrac{\boxed{\text{N}}}{e + \boxed{\text{O}}} < a < \log \boxed{\text{B}}$, $f(a)$ is $\boxed{\text{Q}}$.

($\boxed{\text{IV}}$ is continued on the next page.)

(iii) When $a \geqq \log \boxed{\text{ B }}$, we have

$$f(a) = e^a \left(e - \boxed{\text{ R }} \right) - \boxed{\text{ S }},$$
$$f'(a) = e^a \left(e - \boxed{\text{ T }} \right).$$

Hence, in this case, $f(a)$ is $\boxed{\text{ U }}$.

Thus, from (i), (ii), and (iii), we see that $f(a)$ is minimized at $a = \log \dfrac{\boxed{\text{ V }}}{e + \boxed{\text{ W }}}$.

This is the end of the questions for $\boxed{\text{IV}}$. Leave the answer spaces $\boxed{\text{ X }} \sim \boxed{\text{ Z }}$ of $\boxed{\text{IV}}$ blank.

This is the end of the questions for Course 2. Leave the answer spaces for $\boxed{\text{ V }}$ blank.

Please check once more that you have properly marked your course number as "Course 2" on your answer sheet.

Do not take this question booklet out of the room.

日本語 JAPANESE AS A FOREIGN LANGUAGE　2023年度日本留学試験
2023 Examination for Japanese University Admission for International Students (EJU)

日本語 解答用紙　JAPANESE AS A FOREIGN LANGUAGE ANSWER SHEET

受験番号
Examination Registration Number

名前 Name

◆ あなたの受験票と同じかどうか確かめてください。Check that these are the same as your Examination Voucher. ◆

注意事項　Note

1. 必ず鉛筆 (HB) で記入してください。
   Use a medium soft (HB or No.2) pencil only.
2. この解答用紙を汚したり折ったりしてはいけません。
   Do not soil or bend this sheet.
3. マークは下のよい例のように、○わく内を完全にぬりつぶしてください。
   Marking Examples.

よい例 Correct	悪い例 Incorrect
●	⊗ ◎ ◯ ◒ ◓

4. 訂正する場合はプラスチック消しゴムで完全に消し、消しくずを残してはいけません。
   Erase any unintended marks clearly and leave no eraser dust on this sheet.
5. 所定の欄以外には何も書いてはいけません。
   Do not write anything in the margins.
6. この解答用紙はすべて機械で処理しますので、以上の1から5までが守られていないと採点されません。
   The answer sheet will be processed mechanically. Failure to observe instructions above may result in rejection from evaluation.

聴解・聴読解 Listening and Listening-Reading Comprehension

聴読解 Listening-Reading Comprehension

聴解 Listening Comprehension

読解 Reading Comprehension

—296—

2023年度日本留学試験

2023 Examination for Japanese University Admission for International Students (EJU)

日 本 語「記 述」 解 答 用 紙

JAPANESE AS A FOREIGN LANGUAGE "WRITING" ANSWER SHEET

受 験 番 号 Examination Registration Number	

← あなたの受験票と同じかどうか確かめてください。
Check that these are the same as your Examination Voucher.

名 前 Name	

テーマの番号 Theme No.	1	2

← 1または2のどちらかを選び、○で囲んでください。
Circle the number of the theme you selected.（1 or 2）

横書きで書いてください。
Write horizontally. ➡

この用紙の裏（何も印刷されていない面）には、何も書かないでください。
Do not write anything on the back（unprinted side）of this sheet.

(answer grid with line markers: 20, 40, 60, 80, 100, 120, 140, 160, 180, 200, 220, 240, 260, 280, 300, 320, 340, 360, 380, 400, 420, 440, 460, 480, 500)

理 科 SCIENCE

2023年度日本留学試験
2023 Examination for Japanese University Admission for International Students (EJU)

理 科 解 答 用 紙 SCIENCE ANSWER SHEET

【表 FRONT SIDE】

受験番号
Examination Registration Number

名前 Name

▲ あなたの受験票と同じかどうか確かめてください。Check that these are the same as your Examination Voucher.

この解答用紙のこの面に解答する科目を、1つ○で囲み、その下のマーク欄をマークしてください。
Circle the name of the subject of the examination you are taking on this side of the sheet, and fill in the oval under it.

（裏面でもう1つの科目を解答してください。）
(Use the reverse side for the other subject.)

解答科目 Subject
物理 Physics ／ 化学 Chemistry ／ 生物 Biology

【よい例 Correct Example】

物理を解答する場合 When selecting Physics
化学を解答する場合 When selecting Chemistry
生物を解答する場合 When selecting Biology

【悪い例 Incorrect Example】

マークしていない No Mark
2つマークしている Double Marks

Marking Examples.
よい例 Correct ／ 悪い例 Incorrect

注意事項 Note

1. 必ず鉛筆（HB）で記入してください。
   Use a medium soft (HB or No.2) pencil only.
2. この解答用紙を汚したり折ったりしてはいけません。
   Do not soil or bend this sheet.
3. マークは下のよい例のように、○わく内を完全にぬりつぶしてください。
   Use only necessary rows and leave remaining rows blank.
4. 訂正する場合はプラスチック消しゴムで完全に消し、消しくずを残してはいけません。
   Erase any unintended marks clearly and leave no eraser dust on this sheet.
5. 解答番号は1から75まであ りますが、問題のあるところまで答えて、あとはマークしないでください。
   Use only necessary rows and leave remaining rows blank.
6. 所定の欄以外には何も書いてはいけません。
   Do not write anything in the margins.
7. この解答用紙はすべて機械で処理しますので、以上の1から6までが守られていないと採点されません。
   The answer sheet will be processed mechanically. Failure to observe instructions above may result in rejection from evaluation.

解答番号 解答欄 Answer 1–25
解答番号 解答欄 Answer 26–50
解答番号 解答欄 Answer 51–75

理 科　SCIENCE　2023年度日本留学試験　　【裏　REVERSE SIDE】

2023 Examination for Japanese University Admission for International Students (EJU)

理　科　解　答　用　紙
SCIENCE ANSWER SHEET

この解答用紙のこの面に解答する科目を、1つ○で囲み、その下のマーク欄をマークしてください。
Circle the name of the subject of the examination you are taking on this side of the sheet, and fill in the oval under it.

解 答 科 目 Subject		
物　理 Physics	化　学 Chemistry	生　物 Biology
○	○	○

[よい例 Correct Example]

物理を解答する場合
When selecting Physics

解答科目 Subject		
物理 Physics	化学 Chemistry	生物 Biology
●	○	○

化学を解答する場合
When selecting Chemistry

解答科目 Subject		
物理 Physics	化学 Chemistry	生物 Biology
○	●	○

生物を解答する場合
When selecting Biology

解答科目 Subject		
物理 Physics	化学 Chemistry	生物 Biology
○	○	●

[悪い例 Incorrect Example]

マークしていない
No Mark

2つマークしている
Double Marks

-299-

総合科目 JAPAN AND THE WORLD　2023年度日本留学試験
2023 Examination for Japanese University Admission for International Students (EJU)

総 合 科 目 解 答 用 紙　JAPAN AND THE WORLD ANSWER SHEET

受 験 番 号
Examination Registration Number

名 前　Name

◀ あなたの受験票と同じかどうか確かめてください。 Check that these are the same as your Examination Voucher.

解答番号	1	2	3	4
1	①	②	③	④
2	①	②	③	④
3	①	②	③	④
4	①	②	③	④
5	①	②	③	④
6	①	②	③	④
7	①	②	③	④
8	①	②	③	④
9	①	②	③	④
10	①	②	③	④
11	①	②	③	④
12	①	②	③	④
13	①	②	③	④
14	①	②	③	④
15	①	②	③	④
16	①	②	③	④
17	①	②	③	④
18	①	②	③	④
19	①	②	③	④
20	①	②	③	④

解答番号	1	2	3	4
21	①	②	③	④
22	①	②	③	④
23	①	②	③	④
24	①	②	③	④
25	①	②	③	④
26	①	②	③	④
27	①	②	③	④
28	①	②	③	④
29	①	②	③	④
30	①	②	③	④
31	①	②	③	④
32	①	②	③	④
33	①	②	③	④
34	①	②	③	④
35	①	②	③	④
36	①	②	③	④
37	①	②	③	④
38	①	②	③	④
39	①	②	③	④
40	①	②	③	④

解答番号	1	2	3	4
41	①	②	③	④
42	①	②	③	④
43	①	②	③	④
44	①	②	③	④
45	①	②	③	④
46	①	②	③	④
47	①	②	③	④
48	①	②	③	④
49	①	②	③	④
50	①	②	③	④
51	①	②	③	④
52	①	②	③	④
53	①	②	③	④
54	①	②	③	④
55	①	②	③	④
56	①	②	③	④
57	①	②	③	④
58	①	②	③	④
59	①	②	③	④
60	①	②	③	④

注意事項　Note

1. 必ず鉛筆（HB）で記入してください。
   Use a medium soft (HB or No. 2) pencil only.

2. この解答用紙を汚したり折ったりしてはいけません。
   Do not soil or bend this sheet.

3. マークは下のよい例のように、○わく内を完全にぬりつぶしてください。

   Marking Examples.

よい例 Correct	悪い例 Incorrect
●	⊗ ◎ ○ ◐ ●

4. 訂正する場合はプラスチック消しゴムで完全に消し、消しくずを残してはいけません。
   Erase any unintended marks clearly and leave no eraser dust on this sheet.

5. 解答番号は1から60まであります。問題のあるところまで答えて、あとはマークしないでください。
   Use only necessary rows and leave remaining rows blank.

6. 所定の欄以外には何も書いてはいけません。
   Do not write anything in the margins.

7. この解答用紙はすべて機械で処理しますので、以上の1から6までが守られていないと採点されません。
   The answer sheet will be processed mechanically. Failure to observe instructions above may result in rejection from evaluation.

数 学 MATHEMATICS　　　　2023年度日本留学試験

2023 Examination for Japanese University Admission for International Students (EJU)

数 学　解 答 用 紙　MATHEMATICS ANSWER SHEET　【表 FRONT SIDE】

受 験 番 号
Examination Registration Number

名 前
Name

◆ あなたの受験票と同じかどうか確かめてください。Check that these are the same as your Examination Voucher. ◆

この解答用紙に解答するコースを、1つ◯で囲み、
その下のマーク欄をマークしてください。
Circle the name of the course you are taking and
fill in the oval under it.

（Ⅲ以降は裏面）（Use the reverse side for Ⅲ, Ⅳ and Ⅴ.）

解答コース Course
コース1 Course 1
コース2 Course 2

Ⅰ
解 答 欄 Answer
解答記号
A B C D E F G H I J K L M N O P Q R S T U V W X Y Z
－ 0 1 2 3 4 5 6 7 8 9

Ⅱ
解 答 欄 Answer
解答記号
A B C D E F G H I J K L M N O P Q R S T U V W X Y Z
－ 0 1 2 3 4 5 6 7 8 9

【よい例 Correct Example】
コース1を解答する場合
When selecting Course 1
解答コース Course
コース1 Course 1
コース2 Course 2

コース2を解答する場合
When selecting Course 2
解答コース Course
コース1 Course 1
コース2 Course 2

【悪い例 Incorrect Example】
マークしていない No Mark
解答コース Course
コース1 Course 1
コース2 Course 2

2つマークしている Double Marks
解答コース Course
コース1 Course 1
コース2 Course 2

Marking Examples.
よい例 Correct　　悪い例 Incorrect

注意事項 Note

1. 必ず鉛筆（HB）で記入してください。
   Use a medium soft (HB or No.2) pencil only.
2. この解答用紙を汚したり折ったりしてはいけません。
   Do not soil or bend this sheet.
3. マークは下のよい例のように、◯わく内を完全にぬりつぶしてください。
   Marking Examples.
4. 訂正する場合はプラスチック消しゴムで完全に消し、消しくずを残しては
   いけません。
   Erase any unintended marks clearly and leave no eraser dust on this sheet.
5. 解答番号はAからZまでありますが、問題のあるところまで答えて、あと
   はマークしないでください。
   Use only necessary rows and leave remaining rows blank.
6. 所定の欄以外には何も書いてはいけません。
   Do not write anything in the margins.
7. Ⅲ, Ⅳ, Ⅴの解答欄は裏面にあります。
   The answers to parts Ⅲ, Ⅳ, and Ⅴ should be marked on the reverse
   side of this sheet.
8. この解答用紙はすべて機械で処理しますので、以上の1から7までが守ら
   れていないと採点されません。
   The answer sheet will be processed mechanically. Failure to observe
   the instructions above may result in rejection from evaluation.

2023年度日本留学試験

2023 Examination for Japanese University Admission for International Students (EJU)

数　学　解　答　用　紙

MATHEMATICS ANSWER SHEET

2023年度

日本留学試験（第2回）

参 考 資 料

The Reference Data

2023年度(令和5年度)日本留学試験実施要項

１．目　的
　外国人留学生として，我が国の大学（学部）等に入学を希望する者について，日本語力及び基礎学力の評価を行う。

２．実施者
　独立行政法人日本学生支援機構が，文部科学省，外務省，大学及び国内外の関係機関の協力を得て実施する。

３．試験の方法，内容等
(1)　対　　象：外国人留学生として，我が国の大学等に入学を希望する者
(2)　試 験 日：第1回　2023年（令和5年）6月18日（日）
　　　　　　　　第2回　2023年（令和5年）11月12日（日）
(3)　実 施 地：国　内　北海道，宮城県，群馬県，埼玉県，千葉県，東京都，神奈川県，
　　　　　　　　　　　　石川県又は富山県，静岡県，愛知県，京都府，大阪府，兵庫県，
　　　　　　　　　　　　岡山県又は広島県，高知県，福岡県及び沖縄県
　　　　　　　　国　外　インド（ニューデリー），インドネシア（ジャカルタ及びスラ
　　　　　　　　　　　　バヤ），韓国（ソウル及びプサン），シンガポール，スリランカ
　　　　　　　　　　　　（コロンボ），タイ（バンコク及びチェンマイ），台湾（台北），
　　　　　　　　　　　　フィリピン（マニラ），ベトナム（ハノイ及びホーチミン），香
　　　　　　　　　　　　港，マレーシア（クアラルンプール），ミャンマー（ヤンゴン），
　　　　　　　　　　　　モンゴル（ウランバートル）
　　　　　　　　※ウラジオストクにおける2023年度の実施は現地情勢の影響により中止。
(4)　出題科目等
　　　受験者は，受験希望の大学等の指定に基づき，以下の科目の中から選択して受験する。

科　目	目　　的	時　間	得 点 範 囲
日 本 語	日本の大学等での勉学に対応できる日本語力（アカデミック・ジャパニーズ）を測定する。	125分	読解 聴解・聴読解 0～400点 記述 0～50点
理　科	日本の大学等の理系学部での勉学に必要な理科（物理・化学・生物）の基礎的な学力を測定する。	80分	0～200点
総合科目	日本の大学等での勉学に必要な文系の基礎的な学力，特に思考力，論理的能力を測定する。	80分	0～200点
数　学	日本の大学等での勉学に必要な数学の基礎的な学力を測定する。	80分	0～200点

［備考］
　①　日本語の科目は，記述，読解，聴解・聴読解の3領域から構成される。
　②　理科について，受験者は，受験希望の大学等の指定に基づき，物理・化学・生物から2科目を選択する。

③　数学について，受験者は，受験希望の大学等の指定に基づき，文系学部及び数学を必要とする程度が比較的少ない理系学部用のコース１，数学を高度に必要とする学部用のコース２のどちらかを選択する。

④　理科と総合科目を同時に選択することはできない。

⑤　上記の得点範囲は，日本語の科目の記述を除き，素点ではなく，共通の尺度上で表示する。また，記述については基準に基づき採点する。

⑥　出題範囲は，各科目のシラバスを参照のこと。

(5)　出題言語：日本語及び英語により出題するので，受験者は，受験希望の大学等の指定を踏まえて，出願の際にどちらかを申告する（日本語の科目は日本語による出題のみ）。

(6)　解答方式：多肢選択方式（マークシート）（日本語の科目は記述式を含む。）

４．出願の手続き等

(1)　出願手続き

①　願　　書：所定のもの

②　受験料：国　内　（１科目のみの受験者）　　　10,000円（税込み）

　　　　　　　　　　　（２科目以上の受験者）　　　18,000円（税込み）

　　　　　　国　外　インド　　　　　　　　　　　　1,300ルピー

　　　　　　　　　　インドネシア　　　　　　　110,000ルピア

　　　　　　　　　　韓国（１科目のみの受験者）　50,000ウォン

　　　　　　　　　　　（２科目以上の受験者）　　80,000ウォン

　　　　　　　　　　シンガポール　　　　　　65シンガポールドル

　　　　　　　　　　スリランカ　　　　　　　1,850スリランカルピー

　　　　　　　　　　タイ　　　　　　　　　　　　400バーツ

　　　　　　　　　　台湾（１科目のみの受験者）　1,500台湾ドル

　　　　　　　　　　　（２科目以上の受験者）　　2,000台湾ドル

　　　　　　　　　　フィリピン　　　　　　　　　750ペソ

　　　　　　　　　　ベトナム　　　　　　　275,000ドン

　　　　　　　　　　香港（１科目のみの受験者）　500香港ドル

　　　　　　　　　　　（２科目以上の受験者）　　950香港ドル

　　　　　　　　　　マレーシア　　　　　　　　90リンギット

　　　　　　　　　　ミャンマー　　　　　　　　20米ドル

　　　　　　　　　　モンゴル　　　　　　　35,000トゥグルグ

　　　　　　　　　　ロシア　　　　　　　　　　300ルーブル

③　受付期間：国　内　（第１回）　2023年（令和５年）２月13日（月）から３月10日（金）17時まで

　　　　　　　　　　　（第２回）　2023年（令和５年）７月３日（月）から７月28日（金）17時まで

国　外　（第1回）　2023年(令和5年)2月13日(月)から3月10日(金)
まで

（第2回）　2023年(令和5年)7月3日(月)から7月28日(金)
まで

④　出　　　願：国　内　独立行政法人日本学生支援機構留学生事業部留学試験課に提
出する。

国　外　各国・地域の現地機関に提出する。

(2)　出願方法

国　内：オンラインにより出願を受け付ける。手続き等の細目については，独立行政
法人日本学生支援機構のウェブサイトで公表する。

国　外：各国・地域の現地機関と調整のうえ，決定する。

(3)　受験票の送付

国　内：願書を受理したものについて，次に掲げる期日（予定）に発送する。

第1回　2023年(令和5年)5月19日(金)

第2回　2023年(令和5年)10月20日(金)

国　外：各国・地域の現地機関と調整のうえ，決定する。

［備考］国外の受験票，結果の通知の発送料については，受験案内等で公表
する。

5．結果の公表等

(1)　受験者への公表

次に掲げる期日（予定）に，オンラインで試験の成績を公表する。

第1回　2023年(令和5年)7月26日(水)

第2回　2023年(令和5年)12月22日(金)

［備考］国外においては，各国・地域の現地機関を通じて成績通知書の発送も行
う。

(2)　大学等からの成績照会

別途定める所定の登録手続きを行った大学等に対しては，(1)に掲げる期日より，オ
ンラインでの成績照会を開始する。

> 照会先：独立行政法人日本学生支援機構　留学生事業部留学試験課
> 〒153-8503　東京都目黒区駒場4-5-29
> 電話：03-6407-7457　　FAX：03-6407-7462
> E-Mail：jasso_eju@jasso.go.jp

2023年度日本留学試験(第2回)実施地別応募者数・受験者数一覧(国内·国外)

実施国・地域	都道府県・都市	応募者数	受験者数
日　本	北海道	79	60
	宮　城	121	89
	群　馬	57	50
	埼　玉	388	306
	千　葉	359	268
	東　京	13,951	10,857
	神奈川	363	267
	富　山	13	9
	静　岡	111	96
	愛　知	309	251
	京　都	1,037	864
	大　阪	1,757	1,435
	兵　庫	321	248
	広　島	194	160
	高　知	48	42
	福　岡	727	639
	沖　縄	17	17
国 内 小 計		19,852	15,658
インド	ニューデリー	153	76
インドネシア	ジャカルタ	190	146
	スラバヤ	50	36
韓　国	ソウル	2,488	1,939
	プサン	513	409
シンガポール		10	9
スリランカ	コロンボ	7	3
タ　イ	バンコク	76	49
	チェンマイ	12	9
台　湾	台　北	258	213
フィリピン	マニラ	17	14
ベトナム	ハノイ	116	102
	ホーチミン	52	38
香　港		767	644
マレーシア	クアラルンプール	134	126
ミャンマー	ヤンゴン	166	113
モンゴル	ウランバートル	189	148
ロシア	ウラジオストク（※）	0	0
国 外 小 計		5,198	4,074
総 合 計		25,050	19,732

※ウラジオストクについては、現地情勢の影響により中止。

2023年度日本留学試験（第2回）試験会場一覧

国・地域	都道府県又は都市	試験会場	
日 本	北海道	札幌大学	
	宮 城	東北大学 川内北キャンパス	
	群 馬	高崎白銀ビル	
	埼 玉	埼玉大学	
	千 葉	千葉大学 西千葉キャンパス	
	東 京	上智大学 四谷キャンパス	創価大学
		専修大学 神田キャンパス	中央大学 多摩キャンパス
		拓殖大学 文京キャンパス	電気通信大学
		東京大学教養学部 駒場キャンパス	一橋大学 国立キャンパス
		立教大学 池袋キャンパス	
	神奈川	TKP ガーデンシティ PREMIUM みなとみらい	
	富 山	富山県立大学 射水キャンパス	
	静 岡	静岡大学 静岡キャンパス	
	愛 知	名古屋大学 東山キャンパス	
	京 都	京都産業大学	龍谷大学 深草キャンパス
	大 阪	大阪大学 豊中キャンパス	
	兵 庫	関西学院大学 西宮上ケ原キャンパス	
	広 島	県立広島大学 広島キャンパス	
	高 知	高知県立青少年センター	
	福 岡	九州産業大学	
	沖 縄	琉球大学 千原キャンパス	
イ ン ド	ニューデリー	Sri Venkateswara College, Delhi	
インドネシア	ジャカルタ	インドネシア大学日本研究センター	
	スラバヤ	Language Center of Surabaya State University	
韓 国	ソウル	スソ中学校	ハンヤン工業高等学校
		ガウォン中学校	オグム中学校
		ザムシル高等学校	
	プサン	慶南工業高等学校	
シンガポール		シンガポール日本文化協会	
スリランカ	コロンボ	スリランカ日本文化センター（ササカワホール）	
タ イ	バンコク	タイ国元日本留学生協会（OJSAT）	
	チェンマイ	チェンマイ大学	
台 湾	台 北	語言訓練測験中心	
フィリピン	マニラ	デ・ラ・サール大学セント・ベニール校	
ベトナム	ハノイ	ベトナム日本人材開発インスティチュート（VJCC）	
	ホーチミン	ホーチミン市社会科学人文大学	
香 港		KITEC 九龍灣國際展貿中心	
マレーシア	クアラルンプール	サンウェイ大学	
ミャンマー	ヤンゴン	Yangon University of Education	
モンゴル	ウランバートル	モンゴル日本センター	モンゴル国立大学 図書館
ロ シ ア	ウラジオストク	中止	

日本語シラバス

＜試験の目的＞

　この試験は，日本の高等教育機関（特に大学学部）に，外国人留学生として入学を希望する者が，大学等での勉学・生活において必要となる言語活動に，日本語を用いて参加していくための能力をどの程度身につけているか，測定することを目的とする。

日本語シラバス

I 試験の構成

この試験は，理解に関わる能力を問う領域（読解，聴解，聴読解）と，産出に関わる能力を問う領域（記述）からなる。

II 各領域の概要

1．読解，聴解，聴読解領域

読解は，主として文章によって出題されるが，文章以外の視覚情報（図表や箇条書きなど）が提示されることもある。聴解は，すべて音声によって出題され，聴読解は，音声と視覚情報（図表や文字情報）によって出題される。

(1) 問われる能力
読解，聴解，聴読解領域では，文章や談話音声などによる情報を理解し，それらの情報の関係を把握し，また理解した情報を活用して論理的に妥当な解釈を導く能力が問われる。具体的には以下のような能力が問われる。

① 直接的理解能力：
言語として明確に表現されていることを，そのまま理解することができるかを問う。たとえば，次のようなことが問われる。
• 個々の文・発話内で表現されている内容を，正確に理解することができるか
• 文章・談話全体の主題・主旨を，的確にとらえることができるか

② 関係理解能力：
文章や談話で表現されている情報の関係を理解することができるかを問う。たとえば，次のようなことが問われる。
• 文章・談話に含まれる情報のなかで，重要な部分，そうでない部分を見分けることができるか
• 文章・談話に含まれる情報がどういう関係にあるかを理解することができるか
• 異なる形式・媒体（音声，文字，図表など）で表現されている情報を比較・対照することができるか

③ 情報活用能力：
理解した情報を活用して論理的に妥当な解釈が導けるかを問う。たとえば，次のようなことが問われる。
• 文章・談話の内容を踏まえ，その結果や帰結などを導き出すことができるか

- 文章・談話で提示された具体的事例を一般化することができるか
- 文章・談話で提示された一般論を具体的な事例に当てはめることができるか
- 異なる形式・媒体（音声，文字，図表など）で表現された情報同士を相補的に組み合わせて妥当な解釈が導けるか

(2) 出題される文章や談話の種類
    (1)で挙げられた能力は，大学等での勉学・生活の場において理解が必要となる文章や談話を題材として問われる。具体的には以下のような文章・談話である。

読解
- 説明文
- 論説文
- （大学等での勉学・生活にかかわる）実務的・実用的な文書／文章　など

聴解，聴読解
- 講義，講演
- 演習や調査活動に関わる発表，質疑応答および意見交換
- 学習上または生活上の相談ならびに指導，助言
- 実務的・実用的な談話 など

2．記述領域

(1) 問われる能力
    記述領域では，「与えられた課題の指示に従い，自分自身の考えを，根拠を挙げて筋道立てて書く」ための能力が問われる。具体的には以下のようなことが問われる。

- 与えられた課題の内容を正確に理解し，その内容にのっとった主張・結論を提示することができるか
- 主張・結論を支えるための，適切かつ効果的な根拠や実例等を提示することができるか
- 主張・結論を導き出すに当たって，一つの視点からだけでなく，多角的な視点から考察をおこなうことができるか
- 主張・結論とそれを支える根拠や実例等を，適切かつ効果的に，また全体としてバランスのとれた構成をなすように配列することができるか
- 高等教育の場において，文章として論述をおこなう際にふさわしい構文・語彙・表現等を，適切かつ効果的に使用できるか

(2) 出題される課題
- 提示された一つまたは複数の考え方について，自分の意見を論じる
- ある問題について現状を説明し，将来の予想や解決方法について論じる　等

基礎学力（理科）シラバス

＜試験の目的＞

　この試験は，外国人留学生として，日本の大学（学部）等に入学を希望する者が，大学等において勉学するに当たり必要とされる理科科目の基礎的な学力を測定することを目的とする。

＜試験の種類＞

　試験は，物理・化学・生物で構成され，そのうちから２科目を選択するものとする。

＜出題の範囲＞

　出題の範囲は，以下のとおりである。なお，小学校・中学校で学ぶ範囲については既習とし，出題範囲に含まれているものとする。出題の内容は，それぞれの科目において，項目ごとに分類され，それぞれの項目は，当該項目の主題又は主要な術語によって提示されている。

物理シラバス

出題範囲は，日本の高等学校学習指導要領の「物理基礎」及び「物理」の範囲とする。

I　力学

1．運動と力

(1)　運動の表し方

位置，変位，速度，加速度，相対運動，落体の運動，水平投射，斜方投射

(2)　さまざまな力

力，重力，摩擦力，抗力，張力，弾性力，液体や気体から受ける力

(3)　力のつり合い

力の合成・分解，力のつり合い

(4)　剛体にはたらく力のつり合い

力のモーメント，合力，偶力，剛体のつり合い，重心

(5)　運動の法則

ニュートンの運動の 3 法則，力の単位と運動方程式，単位系と次元

(6)　摩擦や空気の抵抗を受ける運動

静止摩擦力，動摩擦力，空気の抵抗と終端速度

2．エネルギーと運動量

(1)　仕事と運動エネルギー

仕事の原理，仕事率，運動エネルギー

(2)　位置エネルギー

重力による位置エネルギー，弾性力による位置エネルギー

(3)　力学的エネルギーの保存

(4)　運動量と力積

運動量と力積，運動量保存則，分裂と合体

(5)　衝突

反発係数（はねかえり係数），弾性衝突，非弾性衝突

3．さまざまな力と運動

(1)　等速円運動

速度と角速度，周期と回転数，加速度と向心力，等速でない円運動の向心力

(2)　慣性力

慣性力，遠心力

(3)　単振動

変位，速度，加速度，復元力，振幅，周期，振動数，位相，角振動数，ばね振り子，単振り子，単振動のエネルギー

(4)　万有引力

惑星の運動（ケプラーの法則），万有引力，重力，万有引力の位置エネルギー，力学的エネルギーの保存

II　熱

1．熱と温度

(1)　熱と温度

熱運動，熱平衡，温度，絶対温度，熱量，熱容量，比熱，熱量の保存

(2)　物質の状態

物質の三態，融点，沸点，融解熱，蒸発熱，潜熱，熱膨張

(3)　熱と仕事

熱と仕事，内部エネルギー，熱力学第1法則，不可逆変化，熱機関，熱効率，熱力学第2法則

2．気体の性質

(1)　理想気体の状態方程式

ボイルの法則，シャルルの法則，ボイル・シャルルの法則，理想気体の状態方程式

(2)　気体分子の運動

気体分子の運動と圧力・絶対温度，気体の内部エネルギー，単原子分子，二原子分子

(3)　気体の状態変化

定積変化，定圧変化，等温変化，断熱変化，モル比熱

III　波

1．波

(1)　波の性質

波動，媒質，波源，横波と縦波

(2)　波の伝わり方とその表し方

波形，振幅，周期，振動数，波長，波の速さ，正弦波，位相，波のエネルギー

(3)　重ね合わせの原理とホイヘンスの原理

重ね合わせの原理，干渉，定常波（定在波），ホイヘンスの原理，反射の法則，屈折の法則，回折

2．音

(1)　音の性質と伝わり方

音の速さ，音の反射・屈折・回折・干渉，うなり

(2)　発音体の振動と共振・共鳴

弦の振動，気柱の振動，共振・共鳴

(3)　ドップラー効果

ドップラー効果，音源が動く場合，観測者が動く場合，音源と観測者が動く場合

3．光

(1)　光の性質

可視光，白色光，単色光，光と色，スペクトル，分散，偏光

(2)　光の伝わり方

光の速さ，光の反射・屈折，全反射，光の散乱，レンズ，球面鏡

(3)　光の回折と干渉

回折，干渉，ヤングの実験，回折格子，薄膜による干渉，空気層による干渉

Ⅳ　電気と磁気

1．電場

(1) 静電気力
物体の帯電，電荷，電気量，電気量保存の法則，クーロンの法則

(2) 電場
電場，点電荷のまわりの電場，電場の重ね合わせ，電気力線

(3) 電位
静電気力による位置エネルギー，電位と電位差，点電荷のまわりの電位，等電位面

(4) 電場の中の物体
電場中の導体，静電誘導，静電遮蔽，接地，電場中の不導体，誘電分極

(5) コンデンサー
コンデンサー，電気容量，誘電体，コンデンサーに蓄えられる静電エネルギー，コンデンサーの接続

2．電流

(1) 電流
電流，電圧，オームの法則，抵抗と抵抗率，ジュール熱，電力，電力量

(2) 直流回路
抵抗の直列接続と並列接続，電流計，電圧計，キルヒホッフの法則，抵抗率の温度変化，抵抗の測定，電池の起電力と内部抵抗，コンデンサーを含む回路

(3) 半導体
n 型半導体，p 型半導体，pn 接合，ダイオード

3．電流と磁場

(1) 磁場
磁石，磁極，磁気力，磁気量，磁場，磁力線，磁化，磁性体，磁束密度，透磁率，磁束

(2) 電流がつくる磁場
直線電流がつくる磁場，円形電流がつくる磁場，ソレノイドの電流がつくる磁場

(3) 電流が磁場から受ける力
直線電流が磁場から受ける力，平行電流が及ぼし合う力

(4) ローレンツ力
ローレンツ力，磁場中の荷電粒子の運動，ホール効果

4．電磁誘導と電磁波

(1) 電磁誘導の法則
電磁誘導，レンツの法則，ファラデーの電磁誘導の法則，
導体が磁場を横切るときの誘導起電力，ローレンツ力と誘導起電力，渦電流

(2) 自己誘導，相互誘導
自己誘導，自己インダクタンス，コイルに蓄えられるエネルギー，相互誘導，
相互インダクタンス，変圧器

(3) 交流
交流の発生（交流電圧，交流電流，周波数，位相，角周波数），抵抗を流れる交流，実効値

(4) 交流回路

コイルのリアクタンスと位相差，コンデンサーのリアクタンスと位相差，消費電力，

交流回路のインピーダンス，共振回路，振動回路

(5) 電磁波

電磁波，電磁波の発生，電磁波の性質，電磁波の種類

V 原子

1．電子と光

(1) 電子

放電，陰極線，電子，比電荷，電気素量

(2) 粒子性と波動性

光電効果，光子，X線，コンプトン効果，ブラッグ反射，物質波，電子線の干渉と回折

2．原子と原子核

(1) 原子の構造

原子核，水素原子のスペクトル，ボーアの原子模型，エネルギー準位

(2) 原子核

原子核の構成，同位体，原子質量単位，原子量，原子核の崩壊，放射線，放射能，半減期，

核反応，核エネルギー

(3) 素粒子

素粒子，4つの基本的力

化学シラバス

出題範囲は，日本の高等学校学習指導要領の「化学基礎」及び「化学」の範囲とする。

I　物質の構成

1．物質の探究
(1) 純物質と混合物
  元素，同素体，化合物，混合物，混合物の分離，精製
(2) 物質の状態
  物質の三態（気体，液体，固体），状態変化

2．物質の構成粒子
(1) 原子構造
  電子，陽子，中性子，質量数，同位体
(2) 電子配置
  電子殻，原子の性質，周期律・周期表，価電子

3．物質と化学結合
(1) イオン結合
  イオン結合，イオン結晶，イオン化エネルギー，電子親和力
(2) 金属結合
  金属結合，自由電子，金属結晶，展性・延性
(3) 共有結合
  共有結合，配位結合，共有結合の結晶，分子結晶，結合の極性，電気陰性度
(4) 分子間力
  ファンデルワールス力，水素結合
(5) 化学結合と物質の性質
  融点・沸点，電気伝導性・熱伝導性，溶解度

4．物質の量的取扱いと化学式
(1) 物質量など
  原子量，分子量，式量，物質量，モル濃度，質量％濃度，質量モル濃度
(2) 化学式
  分子式，イオン式，電子式，構造式，組成式（実験式）

II　物質の状態と変化

1．物質の変化
(1) 化学反応式
  化学反応式の表し方，化学反応の量的関係
(2) 酸・塩基
  酸・塩基の定義と強弱，水素イオン濃度，pH，中和反応，中和滴定，塩

(3) 酸化・還元
　　酸化・還元の定義，酸化数，金属のイオン化傾向，酸化剤・還元剤

2．物質の状態と平衡
(1) 状態の変化
　　分子の熱運動と物質の三態，気体分子のエネルギー分布，絶対温度，沸点，融点，融解熱，蒸発熱
(2) 気体の性質
　　理想気体の状態方程式，混合気体，分圧の法則，実在気体と理想気体
(3) 溶液の平衡
　　希薄溶液，飽和溶液と溶解平衡，過飽和，固体の溶解度，気体の溶解度，ヘンリーの法則
(4) 溶液の性質
　　蒸気圧降下，沸点上昇，凝固点降下，浸透圧，コロイド溶液，チンダル現象，ブラウン運動，透析，電気泳動

3．物質の変化と平衡
(1) 化学反応とエネルギー
　　化学反応と熱・光，熱化学方程式，反応熱と結合エネルギー，ヘスの法則
(2) 電気化学
　　電気分解，電極反応，電気エネルギーと化学エネルギー，電気量と物質の変化量，ファラデーの法則
(3) 電池
　　ダニエル電池や代表的な実用電池（乾電池，鉛蓄電池，燃料電池など）
(4) 反応速度と化学平衡
　　反応速度と速度定数，反応速度と濃度・温度・触媒，活性化エネルギー，可逆反応，化学平衡及び化学平衡の移動，平衡定数，ルシャトリエの原理
(5) 電離平衡
　　酸・塩基の強弱と電離度，水のイオン積，弱酸・弱塩基の電離平衡，塩の加水分解，緩衝液

III　無機化学
1．無機物質
(1) 典型元素（主要族元素）
　　各族の代表的な元素の単体と化合物の性質や反応，及び用途
　　 1 族：水素，リチウム，ナトリウム，カリウム
　　 2 族：マグネシウム，カルシウム，バリウム
　　12 族：亜鉛，水銀
　　13 族：アルミニウム
　　14 族：炭素，ケイ素，スズ，鉛
　　15 族：窒素，リン
　　16 族：酸素，硫黄
　　17 族：フッ素，塩素，臭素，ヨウ素
　　18 族：ヘリウム，ネオン，アルゴン

(2) 遷移元素

　　クロム，マンガン，鉄，銅，銀，及びそれらの化合物の性質や反応，及び用途

(3) 無機物質の工業的製法

　　アルミニウム，ケイ素，鉄，銅，水酸化ナトリウム，アンモニア，硫酸など

(4) 金属イオンの分離・分析

2. 無機物質と人間生活

　　上記の物質のほか，人間生活に広く利用されている金属やセラミックス

- 代表的な金属の例：チタン，タングステン，白金，ステンレス鋼，ニクロム
- 代表的なセラミックスの例：ガラス，ファインセラミックス，酸化チタン（Ⅳ）

Ⅳ　有機化学

1. 有機化合物の性質と反応

(1) 炭化水素

　　アルカン，アルケン，アルキンの代表的な化合物の構造，性質及び反応，石油の成分と利用など

　　構造異性体・立体異性体（シス-トランス異性体，光学異性体（鏡像異性体））

(2) 官能基をもつ化合物

　　アルコール，エーテル，カルボニル化合物，カルボン酸，エステルなど代表的化合物の構造，性質及び反応

　　油脂・セッケンなど

(3) 芳香族化合物

　　芳香族炭化水素，フェノール類，芳香族カルボン酸，芳香族アミンなど代表的な化合物の構造，性質及び反応

2. 有機化合物と人間生活

(1) 上記の物質のほか，単糖類，二糖類，アミノ酸など人間生活に広く利用されている有機化合物

　　［例］グルコース，フルクトース，マルトース，スクロース，グリシン，アラニン

(2) 代表的な医薬品，染料，洗剤などの主な成分

　　［例］サリチル酸の誘導体，アゾ化合物，アルキル硫酸エステルナトリウム

(3) 高分子化合物

　ⅰ　合成高分子化合物：代表的な合成繊維やプラスチックの構造，性質及び合成

　　　［例］ナイロン，ポリエチレン，ポリプロピレン，ポリ塩化ビニル，ポリスチレン，ポリエチレンテレフタラート，フェノール樹脂，尿素樹脂

　ⅱ　天然高分子化合物：タンパク質，デンプン，セルロース，天然ゴムなどの構造や性質，DNA などの核酸の構造

　ⅲ　人間生活に広く利用されている高分子化合物

　　　（例えば，吸水性高分子，導電性高分子，合成ゴムなど）の用途，資源の再利用など

生物シラバス

出題範囲は，日本の高等学校学習指導要領の「生物基礎」及び「生物」の範囲とする。

I　生命現象と物質

1．細胞と分子
  (1)　生体物質と細胞
　　　細胞小器官
　　　原核細胞と真核細胞
　　　細胞骨格
  (2)　生命現象とタンパク質
　　　タンパク質の構造
　　　タンパク質の働き　　［例］酵素

2．代謝
  (1)　生命活動とエネルギー
　　　ATP とその役割
  (2)　呼吸　　　［例］解糖系，クエン酸回路，電子伝達系，発酵と解糖
  (3)　光合成　　　［例］光化学系 I，光化学系 II，カルビン・ベンソン回路，電子伝達系
  (4)　細菌の光合成と化学合成
  (5)　窒素同化

3．遺伝情報とその発現
  (1)　遺伝情報と DNA
　　　DNA の二重らせん構造
　　　遺伝子と染色体とゲノム
  (2)　遺伝情報の分配
　　　体細胞分裂による遺伝情報の分配
　　　細胞周期と DNA の複製
　　　DNA の複製のしくみ
  (3)　遺伝情報の発現
　　　遺伝子の発現のしくみ　　［例］転写，翻訳，スプライシング
　　　遺伝情報の変化　　　　　［例］遺伝子突然変異
  (4)　遺伝子の発現調節
　　　転写レベルの調節
　　　選択的遺伝子発現
　　　発現調節による細胞分化
  (5)　バイオテクノロジー　　　［例］遺伝子組換え，遺伝子導入

Ⅱ　生殖と発生
1．有性生殖
(1) 減数分裂と受精
　　減数分裂による遺伝子の分配
　　受精による多様な遺伝的組み合わせ
　　性染色体
(2) 遺伝子と染色体
　　遺伝子の連鎖と組換え
　　染色体の乗換えと遺伝子の組換え

2．動物の発生
(1) 配偶子形成と受精
(2) 初期発生の過程
(3) 細胞の分化と形態形成

3．植物の発生
(1) 配偶子形成と受精，胚発生
(2) 植物の器官の分化　　［例］花の形態形成

Ⅲ　生物の体内環境の維持
1．体内環境
(1) 体液の循環系
(2) 体液の成分とその濃度調節
(3) 血液凝固のしくみ

2．体内環境の維持のしくみ
(1) 自律神経やホルモンによる調節　　［例］血糖濃度の調節

3．免疫
(1) 免疫で働く細胞
(2) 免疫のしくみ

Ⅳ　生物の環境応答
1．動物の反応と行動
(1) 刺激の受容と反応
　　受容器とその働き
　　効果器とその働き
　　神経系とその働き
(2) 動物の行動

2．植物の環境応答
(1) 植物ホルモンの働き　　［例］オーキシンの働き，ジベレリンの働き
(2) 植物の光受容体の働き　　［例］フィトクロムの働き

V　生態と環境

1．個体群と生物群集
   (1)　個体群
       個体群とその構造
       個体群内の相互作用
       個体群間の相互作用
   (2)　生物群集
       生物群集とその構造

2．生態系
   (1)　生態系の物質生産と物質循環
       ［例］食物網と栄養段階，炭素循環とエネルギーの流れ，窒素循環
   (2)　生態系と生物多様性
       遺伝的多様性
       種多様性
       生態系の多様性
       生態系のバランスと保全
   (3)　植生の多様性と分布　　［例］植生の遷移
   (4)　気候とバイオーム

VI　生物の進化と系統

1．生物進化のしくみ
   (1)　生命の起源と生物の変遷
       生命の誕生
       生物の進化
       ヒトの進化
   (2)　進化のしくみ
       個体間の変異（突然変異）
       遺伝子頻度の変化とそのしくみ
       分子進化と中立進化
       種分化
       共進化

2．生物の系統
   (1)　生物の系統による分類　　［例］DNA 塩基配列の比較
   (2)　高次の分類群と系統

基礎学力（総合科目）シラバス

＜試験の目的＞

　試験科目「総合科目」は，多文化理解の視野からみた現代の世界と日本についてのテーマが中心となる。その目的は，留学生が日本の大学での勉学に必要と考えられる現代日本についての基本的知識をもち，あわせて，近現代の国際社会の基本的問題について論理的に考え，判断する能力があるかを判定することにある。

　具体的には，政治・経済・社会を中心として地理，歴史の各分野から総合的に出題される。出題の範囲は，以下の各分野における項目からなり，それぞれの項目は関連する主要な用語で示されている。

総合科目シラバス

I 政治・経済・社会

1．現代の社会
情報社会，少子高齢社会，多文化理解，生命倫理，社会保障と社会福祉，地域社会の変貌，不平等の是正，食料問題，エネルギー問題，環境問題，持続可能な社会

2．現代の経済
経済体制，市場経済，価格メカニズム，消費者，景気変動，政府の役割と経済政策，労働問題，経済成長，国民経済，貿易，為替相場，国際収支

3．現代の政治
民主主義の原理，日本国憲法，基本的人権と法の支配，国会，内閣，裁判所，議会制民主主義，地方自治，選挙と政治参加，新しい人権

4．現代の国際社会
国際関係と国際法，グローバリゼーション，地域統合，国連と国際機構，南北問題，人種・エスニシティ・民族問題，地球環境問題，国際平和と国際協力，日本の国際貢献

II 地理

現代世界の特色と諸課題の地理的考察
　地球儀と地図，距離と方位，空中写真と衛星画像，標準時と時差，地理情報，気候，地形，植生，世界の生活・文化・宗教，資源と産業，人口，都市・村落，交通と通信，自然環境と災害・防災，日本の国土と環境

III 歴史

1．近代の成立と世界の一体化
産業革命，アメリカ独立革命，フランス革命，国民国家の形成，帝国主義と植民地化，日本の近代化とアジア

2．20世紀の世界と日本
第一次世界大戦とロシア革命，世界恐慌，第二次世界大戦と冷戦，アジア・アフリカ諸国の独立，日本の戦後史，石油危機，冷戦体制の崩壊

基礎学力（数学）シラバス

＜試験の目的＞

　この試験は，外国人留学生として，日本の大学（学部）等に入学を希望する者が，大学等において勉学するに当たり必要とされる数学の基礎的な学力を測定することを目的とする。

＜試験の種類＞

　数学の試験には，コース１とコース２がある。コース１は，数学をそれほど必要としない学部・学科のための試験であり，コース２は，数学を高度に必要とする学部・学科のための試験である。受験者は，各自の志望する大学の学部・学科の指定に従い，コース１かコース２のどちらか一方を選択する。

＜記号・用語＞

　記号は日本の高等学校の標準的な教科書に準拠する。

　日本語で出題される試験問題では，日本の高等学校の教科書で通常用いられている用語を使用し，英語で出題される試験問題では，英語の標準的な用語を使用する。

＜出題範囲＞

　出題範囲は以下のとおりである。なお，小学校・中学校で学ぶ範囲については既習とし，出題範囲に含まれているものとする。

- コース１の出題範囲は，以下の出題項目のうち１，２，３，４，５，６を範囲とする。
- コース２の出題範囲は，以下の出題項目の１から18までのすべてを範囲とする。

（高等学校学習指導要領との対照つき）

＜出題項目＞

1．数と式… 数学Ⅰ
　(1)　数と集合
　　①　実数
　　②　集合と命題
　(2)　式の計算
　　①　式の展開と因数分解
　　②　１次不等式
　　③　絶対値と方程式・不等式

2．２次関数… 数学Ⅰ
　(1)　２次関数とそのグラフ
　　①　２次関数の値の変化
　　②　２次関数の最大・最小
　　③　２次関数の決定
　(2)　２次方程式・２次不等式
　　①　２次方程式の解
　　②　２次関数のグラフと２次方程式
　　③　２次関数のグラフと２次不等式

3．図形と計量… 数学Ⅰ
　(1)　三角比
　　①　正弦，余弦，正接
　　②　三角比の相互関係
　(2)　三角比と図形
　　①　正弦定理，余弦定理
　　②　図形の計量（空間図形への応用を含む）

4．場合の数と確率… 数学Ａ
　(1)　場合の数
　　①　数え上げの原則（集合の要素の個数，和の法則，積の法則を含む）
　　②　順列・組合せ
　(2)　確率とその基本的な性質
　(3)　独立な試行と確率
　(4)　条件付き確率

5．整数の性質… 数学Ａ
　(1)　約数と倍数
　(2)　ユークリッドの互除法
　(3)　整数の性質の応用

6．図形の性質… 数学Ａ
  (1) 平面図形
    ① 三角形の性質
    ② 円の性質
  (2) 空間図形
    ① 直線と平面
    ② 多面体

7．いろいろな式… 数学Ⅱ
  (1) 式と証明
    ① 整式の除法，分数式，二項定理，恒等式
    ② 等式と不等式の証明
  (2) 高次方程式
    ① 複素数と 2 次方程式の解
    ② 因数定理
    ③ 高次方程式の解法と性質

8．図形と方程式… 数学Ⅱ
  (1) 直線と円
    ① 点の座標
    ② 直線の方程式
    ③ 円の方程式
    ④ 円と直線の関係
  (2) 軌跡と領域
    ① 軌跡と方程式
    ② 不等式の表す領域

9．指数関数・対数関数… 数学Ⅱ
  (1) 指数関数
    ① 指数の拡張
    ② 指数関数とそのグラフ
  (2) 対数関数
    ① 対数の性質
    ② 対数関数とそのグラフ
    ③ 常用対数

10．三角関数… 数学Ⅱ
  (1) 一般角
  (2) 三角関数とその基本的な性質
  (3) 三角関数とそのグラフ
  (4) 三角関数の加法定理
  (5) 加法定理の応用

11. 微分・積分の考え… 数学II
  (1) 微分の考え
      ① 微分係数と導関数
      ② 導関数の応用
         接線，関数値の増減（関数の値の変化，最大・最小，極大・極小）
  (2) 積分の考え
      ① 不定積分と定積分
      ② 面積

12. 数列… 数学B
  (1) 数列とその和
      ① 等差数列と等比数列
      ② いろいろな数列
  (2) 漸化式と数学的帰納法
      ① 漸化式と数列
      ② 数学的帰納法

13. ベクトル… 数学B
  (1) 平面上のベクトル
      ① ベクトルとその演算
      ② ベクトルの内積
  (2) 空間座標とベクトル
      ① 空間座標
      ② 空間におけるベクトル

14. 複素数平面… 数学III
  (1) 複素数平面
      ① 複素数の図表示
      ② 複素数の極形式
  (2) ド・モアブルの定理
  (3) 複素数と図形

15. 平面上の曲線… 数学III
  (1) 2次曲線
      放物線，楕円，双曲線
  (2) 媒介変数による表示
  (3) 極座標による表示

16. 極限… 数学III
  (1) 数列とその極限
      ① 数列の極限
      ② 無限級数の和
  (2) 関数とその極限

① 分数関数と無理関数
② 合成関数と逆関数
③ 関数の極限
④ 関数の連続性

17. 微分法… 数学Ⅲ
(1) 導関数
① 関数の和・差・積・商の導関数
② 合成関数の導関数，逆関数の導関数
③ 三角関数・指数関数・対数関数の導関数
(2) 導関数の応用
接線，関数値の増減，速度，加速度

18. 積分法… 数学Ⅲ
(1) 不定積分と定積分
① 積分とその基本的な性質
② 置換積分法・部分積分法
③ いろいろな関数の積分
(2) 積分の応用
面積，体積，長さ

EJU Syllabus for Japanese as a Foreign Language

<Purpose of the Examination>

This examination is designed for foreign students who plan to study at Japanese universities and colleges. The purpose of this examination is to measure their ability to communicate in the Japanese language that is required for higher education as well as daily life in Japan.

I   Contents of the Examination

This examination consists of two major parts: production (writing) and comprehension (reading comprehension, listening comprehension, and listening & reading comprehension).

II   Description of each Section

1. Reading comprehension, listening comprehension, and listening & reading comprehension
   The questions set for the reading comprehension are mainly written texts, and some visual information (graph, chart, list, etc.) may be presented. The questions set for the listening comprehension use only sounds, and the listening & reading comprehension use sounds and visual information (graph, chart, and textual information).

(1)   Abilities tested
   In the sections of reading comprehension, listening comprehension, and listening & reading comprehension, the examination will assess the abilities to understand information in written or spoken text, to comprehend relationships between information, and to infer a logically valid interpretation. The examination include following questions.

   (i)   Ability to understand details and the main idea of the text
      This type of question will require the abilities to understand information explicitly expressed in the text. For example, the following abilities will be tested.
      • Understand details of the text.
      • Understand main ideas of the text.

   (ii)   Ability to comprehend relationships between information
      This type of question will require the abilities to comprehend the relationships between information expressed in the text. For example, the following abilities will be tested.
      • Distinguish an important part of the text from the rest.
      • Recognize relationships between the information.
      • Compare or contrast information expressed in various forms such as sound, text, graphic, etc.

   (iii)   Ability to utilize information
      This type of question will require the abilities to utilize comprehended information in order to infer a logically valid interpretation. For example, the following abilities will be tested.
      • Draw a conclusion using information given in the text.

- Generalize cases given in the text.
- Apply general explanation/ideas to particular cases.
- Infer a valid interpretation complementarily combining the information given in various forms, such as sound, text or graphic, etc.

(2)   Written and spoken texts used

The abilities listed in (1) will be examined based on written or spoken texts that need to be understood on the occasion of studying and campus life. Examples of written or spoken texts are as follows.

Reading comprehension
- Explanatory text
- Editorial text
- Practical document/text (regarding studying, campus life, etc.), and others

Listening comprehension, listening & reading comprehension
- Lecture or speech
- Presentation and discussion regarding exercise or survey
- Consultation, instruction and advice about study and life
- Practical conversation, and others

2. Writing
(1)   Abilities tested

In the area of writing, the examination will evaluate the ability to follow the instructions and to write one's own ideas with convincing reasons. For example, the following abilities will be evaluated.

- Understand what is required in a given task and present an argument or conclusion based on what is understood.
- Present appropriate and effective evidence or examples that support the argument or conclusion.
- Review the argument or conclusion from multiple perspectives.
- Organize an essay by arranging an argument or conclusion, and its supporting evidence or example appropriately and effectively.
- Use appropriate sentence structure, vocabulary, expressions, etc. to write a dissertation in a place of higher education.

(2)   Tasks required
- To argue about one or several suggested concepts.
- To explain the current status of a specific issue, and to predict its outcome or to find a solution.

EJU Syllabus for Basic Academic Abilities(Science)

<Purpose of the Examination>

The purpose of this examination is to test whether international students have the basic academic ability in science necessary for studying at universities or other such higher educational institutions in Japan.

<Classification of Examination>

The examination consists of three subjects, i.e. physics, chemistry, and biology; examinees will select two of these subjects.

<Scope of Questions>

The scope of questions is as follows. What is taught in elementary and junior high schools is regarded to have been already learned and therefore is to be included in the scope of the EJU. What questions consists of in each subject is classified into categories, each of which is presented by topics and scientific terms.

Physics

The scope of questions will follow the scope of "Basic Physics" and "Advanced Physics" of the Course of Study for high schools in Japan.

I Mechanics

1. Motion and force

   (1) Description of motion

   Position, displacement, velocity, acceleration, relative motion, free fall, projectile motion

   (2) Various forces

   Force, gravity, frictional force, normal force, tension, elastic force, force exerted by liquid or gas

   (3) Equilibrium of forces

   Resultant and resolution of forces, equilibrium of forces

   (4) Equilibrium of forces acting on rigid bodies

   Torque, resultant force, couple of forces, equilibrium of rigid bodies, center of mass

   (5) Laws of motion

   Newton's laws of motion, unit of force and equation of motion, system of units and dimension

   (6) Motion in the presence of friction and/or air resistance

   Static friction force, kinetic friction force, air resistance and terminal velocity

2. Energy and momentum

   (1) Work and kinetic energy

   Principle of work, power, kinetic energy

   (2) Potential energy

   Potential energy due to gravity, potential energy due to elastic force

   (3) Conservation of mechanical energy

   (4) Momentum and impulse

   Momentum and impulse, law of conservation of momentum, fission and coalescence

   (5) Collision

   Coefficient of restitution, elastic collision, inelastic collision

3. Various forces and motion

   (1) Uniform circular motion

   Velocity and angular velocity, period and rotational frequency, acceleration and centripetal force, centripetal force in non-uniform circular motion

   (2) Inertial force

   Inertial force, centrifugal force

   (3) Simple harmonic motion

   Displacement, velocity, acceleration, restoring force, amplitude, period, frequency, phase, angular frequency, spring pendulum, simple pendulum, energy of simple harmonic motion

   (4) Universal gravitation

Planetary motion (Kepler's laws), universal gravitation, gravity, potential energy of universal gravitation, conservation of mechanical energy

Ⅱ Thermodynamics
1. Heat and temperature
(1) Heat and temperature

Thermal motion, thermal equilibrium, temperature, absolute temperature, heat quantity, heat capacity,specific heat, conservation of heat quantity

(2) States of matter

Three states of matter (gas, liquid, solid), melting point, boiling point, heat of fusion, heat of evaporation, latent heat, heat expansion

(3) Heat and work

Heat and work, internal energy, the first law of thermodynamics, irreversible change, heat engine, thermal efficiency, the second law of thermodynamics

2. Properties of gas
(1) Equation of state of ideal gas

Boyle's law, Charles' law, Boyle-Charles' law, equation of state of ideal gas

(2) Motion of gas molecules

Motion of gas molecules and pressure/absolute temperature, internal energy of gas, monatomic molecule, diatomic molecule

(3) Change of state of gases

Isochoric change, isobaric change, isothermal change, adiabatic change, molar specific heat

Ⅲ Waves
1. Waves
(1) Properties of waves

Wave motion, medium, wave source, transverse and longitudinal waves

(2) Propagation of waves and how to express it

Wave form, amplitude, period, frequency, wave length, wave velocity, sinusoidal wave, phase, energy of wave

(3) Superposition principle and Huygens' principle

Superposition principle, interference, standing wave, Huygens' principle, law of reflection, law of refraction, diffraction

2. Sound
(1) Properties and propagation of sound

Velocity of sound, reflection, refraction, diffraction and interference of sound, beat

(2) Vibrations of sounding body and resonance

Vibration of string, vibration of air column, resonance

(3) Doppler effect

Doppler effect, case of moving sound source, case of moving observer, case of moving sound source and moving observer

3. Light
(1) Properties of light
Visible light, white light, monochromatic light, light and color, spectrum, dispersion, polarization
(2) Propagation of light
Velocity of light, reflection and refraction of light, total reflection, scattering of light, lenses, spherical mirror
(3) Diffraction and interference of light
Diffraction, interference, Young's experiment, diffraction grating, thin-film interference, air wedge interference

IV Electricity and Magnetism
1. Electric field
(1) Electrostatic force
Charged object, electric charge, electric quantity, principle of conservation of charge, Coulomb's law
(2) Electric field
Electric field, electric field of a point charge, principle of superposition of electric field, lines of electric force
(3) Electric potential
Potential energy by electrostatic force, electric potential and potential difference, electric potential of a point charge, equipotential surfaces
(4) Matter in electric fields
Conductor in an electric field, electrostatic induction, electrostatic shielding, ground, insulator in an electric field, dielectric polarization
(5) Capacitor
Capacitor, electric capacitance, dielectrics, electrostatic energy stored in a capacitor, connection of capacitors
2. Electric current
(1) Electric current
Electric current, voltage, Ohm's law, resistance and resistivity, Joule's heat, electric power, electric energy
(2) Direct current circuits
Series and parallel connections of resistors, ammeter, voltmeter, Kirchhoff's rules, temperature dependence of resistivity, measurement of resistance, electromotive force and internal resistance of battery, circuit with capacitors
(3) Semiconductor
n-type semiconductor, p-type semiconductor, p-n junction, diode
3. Current and magnetic field
(1) Magnetic field
Magnets, magnetic poles, magnetic force, magnetic charge, magnetic field, lines of magnetic

force, magnetization, magnetic materials, density of magnetic flux, permeability, magnetic flux
- (2) Magnetic fields generated by currents
  Magnetic fields generated by straight currents, magnetic fields generated by circular currents, magnetic fields generated by solenoid currents
- (3) Magnetic forces on currents
  Magnetic force on a straight current, force between parallel currents
- (4) Lorentz force
  Lorentz force, motion of charged particles in a magnetic field, Hall effect
4. Electromagnetic induction and electromagnetic wave
  - (1) Laws of electromagnetic induction
    Electromagnetic induction, Lenz's law, Faraday's law of electromagnetic induction, induced electromotive force in a conductor crossing a magnetic field, Lorentz force and induced electromotive force, eddy current
  - (2) Self-induction, mutual induction
    Self-induction, self-inductances, energy stored in a coil, mutual induction, mutual inductances, transformer
  - (3) Alternating current (AC)
    Generation of AC (AC voltage, AC, frequency, phase, angular frequency), AC flowing through a resistor, effective values
  - (4) AC circuits
    Reactance of coil and phase difference, reactance of capacitor and phase difference, electric power consumption, impedance of AC circuits, resonant circuit, oscillation circuit
  - (5) Electromagnetic waves
    Electromagnetic wave, generation of electromagnetic wave, properties of electromagnetic waves, classification of electromagnetic waves

V Atoms
1. Electrons and light
  - (1) Electrons
    Discharge, cathode ray, electrons, specific charge, elementary electric charge
  - (2) Wave-particle duality
    Photoelectric effect, photon, X-ray, Compton effect, Bragg reflection, matter wave, interference and diffraction of electron beam
2. Atoms and nuclei
  - (1) Structure of atoms
    Nucleus, spectrum of hydrogen atom, Bohr's model of atoms, energy level
  - (2) Nuclei
    Compositions of nuclei, isotope, atomic mass unit, atomic weight, nuclear decay, radiation, radioactivity, half-life, nuclear reaction, nuclear energy
  - (3) Elementary particles
    Elementary particles, four fundamental types of forces

Chemistry

The scope of questions will follow the scope of "Basic Chemistry" and "Advanced Chemistry" of the Course of Study for high schools in Japan.

I Structure of Matter
1. Study of matter
   (1) Pure substances and mixtures
       Elements, allotropes, compounds, mixtures, separation of mixture, purification
   (2) States of matter
       Three states of matter (gas, liquid, and solid), changes of state
2. Particles constituting substances
   (1) Structure of the atom
       Electron, proton, neutron, mass number, isotope
   (2) Electron configuration
       Electron shell, properties of atoms, the periodic law, periodic table, valence electrons
3. Substances and chemical bonds
   (1) Ionic bonds
       Ionic bond, ionic crystal, ionization energy, electron affinity
   (2) Metallic bonds
       Metallic bond, free electron, metallic crystal, malleability
   (3) Covalent bonds
       Covalent bond, coordinate bond, crystal of covalent bond, molecular crystals, polar nature of bond, electronegativity
   (4) Intermolecular force
       van der Waals force, hydrogen bond
   (5) Chemical bonds and properties of substances
       Melting point and boiling point, electric conductivity and thermal conductivity, solubility
4. Quantitative treatment of substances and chemical formula
   (1) Amount of substance
       Atomic weight, molecular weight, formula weight, amount of substance, molar concentration, mass percent concentration, molarity
   (2) Chemical formulas
       Molecular formula, ion formula, electron formula (Lewis structures), structural formula, compositional formula (empirical formula)

II State and Change of Substances
1. Change of substances
   (1) Reaction formula
       Expression of reaction formula, quantitative relation of chemical reaction
   (2) Acids and bases
       Definition and strength of acids and bases, hydrogen ion concentration, pH, neutralization

reaction, neutralization titration, salt

   (3) Oxidation and reduction

Definition of oxidation and reduction, oxidation number, ionization tendency of metal, oxidizing agent and reducing agent

2. State and equilibrium of substances

   (1) Change of state

Thermal motion of molecules and the three states of substance, thermal energy distribution of gas molecule, absolute temperature, boiling point, melting point, heat of fusion, heat of vaporization

   (2) Properties of gases

State equation of ideal gas, mixed gas, law of partial pressure, real gas and ideal gas

   (3) Equilibrium of solutions

Dilute solution, saturated solution and solubility equilibrium, supersaturation, solubility of solid, solubility of gas, Henry's law

   (4) Nature of solutions

Depression of vapor pressure, elevation of boiling point, depression of freezing point, osmotic pressure, colloidal solution, Tyndall effect, Brownian motion, dialysis, electrophoresis

3. Change and equilibrium of substances

   (1) Chemical reaction and energy

Heat and light in chemical reaction, thermochemical equation, heat of reaction and bond energy, Hess's law

   (2) Electrochemistry

Electrolysis, electrode reaction, electrical energy and chemical energy, quantity of electricity and amount of change in substance, Faradey's law

   (3) Electric cell

Daniell cell and typical practical batteries (dry cell, lead storage battery, fuel cell, etc.)

   (4) Rate of reaction and chemical equilibrium

Rate of reaction and rate constant, rate of reaction and concentration, temperature, and catalyst, activation energy, reversible reaction, chemical equilibrium and its shift, equilibrium constant, Le Chatelier's principle

   (5) Eletrolytic dissociation equilibrium

Strength and degree of electrolytic dissociation of acid and base, ionic product of water, electrolytic dissociation equilibrium of weak acid and weak base, hydrolysis of salt, buffer solution

Ⅲ Inorganic Chemistry

1. Inorganic substances

   (1) Typical elements (main group elements)

Properties, reactions and uses of representative elements of each group and their compounds

Group 1：hydrogen, lithium, sodium, potassium　　Group 2：magnesium, calcium, barium

Group 12：zinc, mercury　　Group 13：aluminum

Group 14：carbon, silicon, tin, lead　　Group 15：nitrogen, phosphorus

Group 16：oxygen, sulfur　　Group 17：fluorine, chlorine, bromine, iodine

Group 18：helium, neon, argon

(2) Transition elements

Properties, reactions and uses of chromium, manganese, iron, copper, siiver, and their compounds

(3) Industrial manufacturing methods of inorganic substances

Aluminum, silicon, iron, copper, sodium hydroxide, ammonia, sulfuric acid, etc.

(4) Separation and analysis of metallic ions

2. Inorganic substances and our daily life

In addition to the substances mentioned III-1, metals and ceramics widely utilized in human life.

[Examples of typical metal] titanium, tungsten, platinum, stainless steel, nichrome

[Examples of typical ceramics] glass, fine ceramics, titanium (IV) oxide

IV Organic Chemistry

1. Properties and reactions of organic compound

(1) Hydrocarbons

Structures, properties and reactions of representative alkanes, alkenes, alkynes, composition and uses of petroleum

Structural isomers and stereoisomers (cis-*trans* isomers, optical isomers (enantiomers))

(2) Compounds with functional groups

Structures, properties and reactions of representative compounds such as alcohols, ethers, carbonyl compounds, carboxylic acids, ester, etc.

Oils and soaps, etc.

(3) Aromatic compounds

Structures, properties and reaction of representative compounds such as aromatic hydrocarbons, phenols, aromatic carboxylic acids, and aromatic amines

2. Organic compounds and our daily life

(1) In addition to the substances listed in IV-1, organic compounds widely utilized in human life such as monosaccharides, disaccharides, and amino acids

[Examples] glucose, fructose, maltose, sucrose, glycine, alanine

(2) Main ingredients of typical drugs, dyes, and detergents

[Examples] derivatives of salicylic acid, azo compounds, sodium alkyl sulfate

(3) Polymeric compounds

i Synthetic polymers: structures, properties and syntheses of typical synthetic fibers and plastics

[Examples] nylon, polyethylene, polypropylene, poly (vinyl chloride), polystyrene, polyethylene terephthalate, phenol resin, urea resin

ii Natural polymers

Structures and properties of proteins, starch, cellulose, natural rubber, structures and properties of nucleic acid such as DNA

iii Applications of polymers widely utilized in human life (e.g. water-absorbent polymer, conductive polymers, synthetic rubber), recycling of resources, etc.

Biology

The scope of questions will follow the scope of "Basic Biology" and "Advanced Biology" of the Course of Study for high schools in Japan.

I Biological Phenomena and Substances

1. Cells and molecules
    (1) Biological substances and cells
        Organelle
        Prokaryotic and eukaryotic cells
        Cytoskeleton
    (2) Biological phenomena and proteins
        Protein structure
        Protein function   [Example] enzyme

2. Metabolism
    (1) Life activities and energy
        ATP and its role
    (2) Respiration   [Example] glycolytic pathway, citric acid cycle, electron transport system, fermentation and glycolysis
    (3) Photosynthesis   [Example] photosystem I, photosystem II, Caivin-Benson cycle, electron transport system
    (4) Bacterial photosynthesis and chemosynthesis
    (5) Nitrogen assimilation

3. Genetic information and its expression
    (1) Genetic information and DNA
        Double-helix structure of DNA
        Gene, chromosome and genome
    (2) Segregation of genetic information
        Segregation of genetic information by somatic cell division
        Cell cycle and DNA replication
        Mechanism of DNA replication
    (3) Expression of genetic information
        Mechanism of gene expression   [Example] transcription, translation, splicing,
        Changes in genetic information   [Example] gene mutation
    (4) Control of gene expression
        Regulation of transcriptional level
        Selective gene expression
        Cell differentiation by gene expression control
    (5) Biotechnology   [Example] genetic transformation, gene transfer

II Reproduction and Generation

1. Sexual reproduction
   (1) Meiosis and fertilization
       Gene segregation by meiosis
       Genetically diverse combination by fertilization
       Sex chromosomes
   (2) Genes and chromosomes
       Genetic linkage and gene recombination
       Chromosomal crossing-over and gene recombination
2. Animal development
   (1) Animal gametogenesis and fertilization
   (2) Early developmental process in animals
   (3) Cell differentiation and morphogenesis in animals
3. Plant development
   (1) Plant gametogenesis, fertilization and embryogenesis
   (2) Organ differentiation in plant   [Example] floral morphogenesis

III Homeostasis of the internal environment in living organisms

1. The internal environment in living organisms
   (1) Fluid movement in the circulatory system
   (2) The composition of body fluid and its concentration control
   (3) Mechanism of blood coagulation
2. Homeostatic mechanism of the internal environment in living organisms
   (1) Internal regulation by autonomic nerves and hormones
       [Example] control of blood glucose level
3. Immunity
   (1) Cells in immune system
   (2) Mechanism of immune system

IV Organisms' response to external signals

1. Reactions and actions of animals to external signals
   (1) Perception and response to stimulus
       Sensory receptors and their functions
       Effectors and their functions
       Nervous systems and their functions
   (2) Animal behavior
2. Plant responses to external signals
   (1) Functions of plant hormones
       [Example] functions of auxins, functions of gibberellins
   (2) Functions of plant photoreceptors
       [Example] functions of phytochrome

V Ecology and Environment

1. Populations and communities
   (1) Populations
      Populations and their structures
      Interaction within populations
      Interaction among populations
   (2) Communities
      Communities and their structures

2. Ecosystems
   (1) Matter production and cycle of matter in ecosystems
      [Example] food web and trophic level, carbon cycle and flow of energy, nitrogen cycle
   (2) Ecosystems and biodiversity
      Genetic diversity
      Species diversity
      Diversity of ecosystems
      Ecological balance and conservation
   (3) Diversity and distribution of vegetation [Example: succession of vegetation]
   (4) Climates and biomes

VI Biological Evolution and Phylogeny

1. Mechanism of biological evolution
   (1) Origin of life and transition of organisms
      Beginning of life
      Evolution of organisms
      Human evolution
   (2) Mechanism of evolution
      Variation between individuals (mutation)
      Changes in gene frequency and its mechanism
      Molecular evolution and neutral evolution
      Species differentiation
      Coevolution

2. Phylogeny of organisms
   (1) Phylogenetic classification of organisms   [Example] Comparison of DNA base sequence
   (2) Higher taxa and phylogeny

EJU Syllabus for Basic Academic Abilities (Japan and the World)

<Aims and Nature of the Examination>

Japan and the World takes up themes centered mainly on the contemporary world and Japan as seen from the perspective of multicultural understanding. It is aimed at measuring international students' mastery of the basic knowledge of contemporary Japan deemed necessary to study at the college level in Japan, as well as their capacity to think logically and critically about basic issues in modern international society.

<Syllabus>

The topics of the questions are selected mainly from the fields of Politics, Economy, and Society, as well as from Geography and History. The syllabus below lists the major thematic groups of each field, and the topical areas from which questions may be drawn.

I Politics, Economy and Society

1. Contemporary Society

   Information society, Aging society with fewer children,Multicultural understanding, Bio-ethics, Social security and social welfare, Transformation of local communities, Redress of inequality, Food issues, Energy issues, Environmental issues, Sustainable society

2. Economy

   Economic systems, Market economy, Price mechanism, Consumers, Business cycle, Government roles and economic policy, Labor issues, Economic growth, National economy, International trade, Foreign exchange, Balance of payments

3. Politics

   Principle of democracy, the Constitution of Japan, Fundamental human rights and the rule of law, Diet, Cabinets, Courts, Parliamentary democracy, Local government, Elections and political participation,New human rights

4. International Society

   International relations and international law, Globalization, Regional integration, United Nations and other international organizations, North-South problem, Race/ethnicity and ethnic issues, Global environment issues, International peace and international cooperation, Japan's international contributions

II Geography

Geographical examination of features and issues of the modern world

Globes and maps, Distance and direction, Aerial photography and satellite pictures, Standard time and time differences, Geographical information, Climate, Natural features, Vegetation, Lifestyles/cultures/religions around the world, Resources and industries, Population, Urban and rural settlement, Traffic and communication, Natural environment and disasters/disaster prevention, Land and environment of Japan

III History

1. Development of modern society and interdependence of the world

   The Industrial Revolution, The American Revolution, The French Revolution, Formation of the nation-state, Imperialism and colonialization, Modernization of Japan and Asia

2. Japan and the world in the 20th century

   World War I and the Russian Revolution, The Great Depression, World War II and the Cold War, Independence of Asian and African nations, Postwar Japanese history, Oil Crisis, The end of the Cold War

EJU Syllabus for Basic Academic Abilities(Mathematics)

<Purpose of the Examination>

The purpose of this examination is to test whether international students have the basic academic ability in mathematics necessary for studying at universities or other such higher educational institutions in Japan.

<Classification of Examination>

There are two courses. Course 1 is for undergraduate faculties and departments for which a basic knowledge of mathematics is considered sufficient. Course 2 is for undergraduate faculties and departments for which math is very important.

At the time of taking the examination the examinee must choose whether to take Course 1 or Course 2 ; the examinees should follow the instructions given by the university or the department to which they are applying.

<Symbols and Terminologies>

The symbols are the ones used in Japanese high school text books; the English version of the test uses standard English terms, and the Japanese version of the test uses terms used in Japanese high school text books.

<Scope of Questions>

The topics covered by the examination are as follows.

- The Course 1 examination covers only topics 1 to 6.
- The Course 2 examination covers all 18 topics.

The topics are covered by the standard text books used in Japanese high schools.

In addition, it is assumed that material covered in Japanese elementary and junior high schools has been mastered.

＜Topics＞

1. Numbers and expressions··· Mathematics Ⅰ
   - (1) Numbers and sets
     - ① Real numbers
     - ② Sets and propositions
   - (2) Calculation of expressions
     - ① Expansion and factorization of polynomials
     - ② Linear inequalities
     - ③ Equations and inequalities containing absolute values

2. Quadratic functions··· Mathematics Ⅰ
   - (1) Quadratic functions and their graphs
     - ① Variation in values of quadratic functions
     - ② Maximum and minimum values of quadratic functions
     - ③ Determining quadratic functions
   - (2) Quadratic equations and inequalities
     - ① Solutions of quadratic equations
     - ② Quadratic equations and the graphs of quadratic functions
     - ③ Quadratic inequalities and the graphs of quadratic functions

3. Figures and measurements··· Mathematics Ⅰ
   - (1) Trigonometric ratios
     - ① Sine, cosine, tangent
     - ② Relations between trigonometric ratios
   - (2) Trigonometric ratios and figures
     - ① Sine formulas, cosine formulas
     - ② Measurement of figures (including application to solid figures)

4. The number of possible outcomes and probability··· Mathematics A
   - (1) The number of possible outcomes
     - ① Principles of counting (including the number of elements of a set, the law of sums, the law of products)
     - ② Permutations, combinations
   - (2) Probability and its fundamental properties
   - (3) Independent trials and probability
   - (4) Conditional probability

5. Properties of integers··· Mathematics A

  (1) Divisors and multiples

  (2) Euclidean algorithm

  (3) Applications of the properties of integers

6. Properties of figures··· Mathematics A

  (1) Plane figures

   ① Properties of triangles

   ② Properties of circles

  (2) Solid figures

   ① Lines and planes

   ② Polyhedrons

7. Miscellaneous Expressions··· Mathematics II

  (1) Expressions and proofs

   ① Division of polynomials, fractional expressions, binomial theorem, identities

   ② Proofs of equalities and inequalities

  (2) Equations of higher degree

   ① Complex numbers and solutions of quadratic equations

   ② Factor theorem

   ③ Properties of equations of higher degree and methods of soiving them

8. Figures and equations··· Mathematics II

  (1) Lines and circles

   ① Coordinates of a point

   ② Equations of (straight) lines

   ③ Equations of circles

   ④ Relative positions of a circle and a line

  (2) Locus and region

   ① Locus defined by an equality

   ② Region defined by inequalities

9. Exponential and logarithmic functions··· Mathematics II

  (1) Exponential functions

   ① Expansion of exponents

   ② Exponential functions and their graphs

  (2) Logarithmic functions

   ① Properties of logarithms

   ② Logarithmic functions and their graphs

   ③ Common logarithms

10. Trigonometric functions··· Mathematics II
  (1) General angles
  (2) Trigonometric functions and their basic properties
  (3) Trigonometric functions and their graphs
  (4) Addition theorems for trigonometric functions
  (5) Applications of the addition theorems

11. The concepts of differentiation and integration.··· Mathematics II
  (1) The concept of differentiation
    ① Differential coefficients and derivatives
    ② Applications of the derivative
       Tangent lines, increase/decrease in function value (variation in the value of functions, maximums and minimums, local maximums and minimums)
  (2) The concept of integration
    ① Indefinite integrals and definite integrals
    ② Areas

12. Sequences of numbers··· Mathematics B
  (1) Sequences and their sums
    ① Arithmetic progressions and geometric progressions
    ② Various sequences
  (2) Recurrence formulae and mathematical induction
    ① Recurrence formulae and sequences
    ② Mathematical induction

13. Vectors··· Mathematics B
  (1) Vectors on a plane
    ① Vectors and their operations
    ② Scalar products (inner products) of vectors
  (2) Space coordinates and vectors
    ① Space coordinates
    ② Vectors in a space

14. Complex plane··· Mathematics III
  (1) Complex plane
    ① Geometric representation of complex numbers
    ② Trigonometric form (polar form) of complex numbers
  (2) De Moivre's theorem
  (3) Complex numbers and figures

15. Curves on a plane··· Mathematics Ⅲ
  (1) Quadratic curves
       Parabolas, ellipses, hyperbolas
  (2) Parametric representations
  (3) Representation in polar coordinates

16. Limits··· Mathematics Ⅲ
  (1) Sequences and their limits
    ①   Limits of sequences
    ②   Sums of infinite series
  (2) Functions and their limits
    ①   Fractional functions and irrational functions
    ②   Composite functions and inverse functions
    ③   Limits of functions
    ④   Continuity of functions

17. Differential calculus··· Mathematics Ⅲ
  (1) Derivatives
    ①   Derivatives of the sum/difference/product/quotient of two functions
    ②   Derivatives of composite functions, derivatives of inverse functions
    ③   Derivatives of trigonometric functions, exponential functions, logarithmic functions
  (2) Applications of the derivative
       Tangent lines, increase/decrease in value of functions, velocity, acceleration

18. Integral calculus··· Mathematics Ⅲ
  (1) Indefinite and definite integrals
    ①   Integrals and their basic properties
    ②   Integration by substitution, integration by parts
    ③   Integrals of various functions
  (2) Applications of the integral
       Area, volume, length

◉聴読解問題スクリプト

Track 4

練習 学生がコンピュータの画面を見ながら先生の説明を聞いています。学生は今，画面の
どの項目を選べばいいですか。

えー，これから，この大学のコンピュータの使い方について説明します。今日は，大まかな説
明しかしませんが，もっと詳しいことを知りたい人は，右上の「利用の仕方」などを見ておいて
ください。ああ，今じゃなくて，あとで見ておいてください。今日はまず，利用者の登録をしま
す。では，画面の左下の項目を選んでください。

1番

試験問題として成立していますが，
出版上の都合により本問題の掲載はいたしません。

Track 7

2番 先生が，生物学の授業で，魚類の回遊について話しています。この先生が最後にする
質問の答えはどれですか。

魚がある生息域から別の生息域に移動する行動を回遊と言い，回遊する魚を回遊魚と言います。
その中には海と川を行ったり来たりする魚もいます。

回遊のタイプは図のように分けることができます。川で卵から孵化した子どもが，川を下って
海で成長し，卵を産むためだけに川を遡っていくタイプの回遊。逆に，海で生まれた子どもが
川で成長して，産卵のために川を下り，海で産卵するタイプの回遊があります。さらに，川と海
の両方で成長する回遊もありますが，この場合，川で産卵するタイプと，海で産卵するタイプに
分けられます。

例えば，アユという魚がいます。アユは川で卵から生まれるとすぐに海に下って半年ほど暮ら

し，5～6センチに成長すると川に戻ってきて，ここでも半年間成長します。そして十分に成熟するとそこで卵を産み，一生を終えます。アユの回遊はどのタイプですか。

Track 8

3番　経済学の先生が，労働時間と費用の関係について話しています。この先生の話によると，この図の場合，最善の労働時間はどこになりますか。

アルバイトなど，仕事によっては，自分で労働時間を決められる場合がありますが，その場合，自分にとって最善の労働時間は，どのように選択すればいいのでしょうか。図を見ながら考えましょう。

図の横軸は労働時間，縦軸は収入および費用の金額です。「収入」とは，労働時間に応じてもらえる金額で，労働時間が長くなるほど増えますから，右上がりの直線になります。一方，時間や健康など，労働によって失うもの全てを「費用」と言います。例えば，働いている間は勉強ができないこと，疲労がたまって健康を損なうことなどです。また，労働時間が2倍になった場合，費用は単純に2倍の金額とはならず，時間が長くなるにつれ急激に増えていく右上がりの曲線を描きます。最善の労働時間は，得られる収入から失われる費用を引いた金額が最大になるように自分の労働時間を決めるのが，正しい選択となります。

Track 9

4番　先生が，統計学の授業で，バイアスについて話しています。この先生が最後に挙げる例はどのバイアスにあてはまりますか。

バイアスとは，データの集め方によって生じる偏りやズレのことです。飲酒量と，ガンを発病する確率に関する調査を例に，バイアスの種類を見ていきましょう。まず，「情報バイアス」とは，間違った情報によって生じる偏りです。「飲酒量を少なめに言った方がよい印象を与えるだろう」などといった理由で，調査対象者がうその回答をする場合がこれにあたります。次の「選択バイアス」は，調査対象者が特定の性質や傾向を持っているときに生じます。例えば，病院の患者を対象に調査を行なった場合，そもそも病院に来る人は体調に何らかの問題がある場合がほとんどで，正しい結果が得られないということになります。そして，単純に見えた因果関係に，実は別の要因が絡んでいるときに生じるのが，「交絡バイアス」です。仮に，飲酒量が増えると発ガンする確率が高いという結果が出たとしても，飲酒をする人は喫煙もする人が多く，実は喫煙のほうが発ガンに影響を与えているという場合がこれにあたります。こうしたバイアスによって，結論が間違った方向へ導かれることがあるので注意が必要です。

それでは，例えば自動販売機の利用について調査するとき，自動販売機の前でアンケート調査をした場合はどうでしょう。質問された人がみな正直に答えたとしても，これでは普段，自動販売機を利用しない人の意見は取り入れられず，調査の結果は実態を正しく把握したものとは言えませんね。

5番 建築工学の先生が，トンネルの傾斜について説明しています。この先生が最後に説明
している地下鉄のトンネルは，どのような傾斜で掘られますか。

　トンネルは基本的に水平な面に対して斜めに掘られます。まず，山を貫いて掘られるトンネル
では，短くて，入り口と出口の高さが異なる場合は，高い方に向かって掘り進めます。また，長
いトンネルの場合は両側から掘り進め，中央を高くします。これは，トンネルの工事中や開通後
に，山や地下から浸み出してきた水を，重力を利用してトンネルの外に排水するためです。それ
とは逆に川底や海底を通るトンネルでは，中央が低くなるように掘り，中央に溜まる水はポンプ
を使って汲み出します。また，地下鉄のトンネルでも，駅と駅の間では川や海の下を通るトンネ
ルと同じ傾斜で掘られることがあります。これは，排水が目的ではなく，電車が出発する時の加
速や到着時の減速に傾斜を利用することで，エネルギーの節約になるからです。

6番 男子学生と女子学生が，心理学の講義資料を見ながら話しています。この男子学生の
話によると，「媒介の最大化」とは，この例ではどのようなことですか。

男子学生：心理学の授業で面白い実験の話があったんだけど。ちょっと聞いて。

女子学生：うん。いいよ。

男子学生：表の1を見て。課題AとBがあって，課題をこなせば，その報酬としてアイスクリー
　　　　　ムがもらえます。どっちの課題を選ぶ？

女子学生：Aの方。バニラの方が好きだし，簡単だし。

男子学生：授業でも，バニラを選ぶ人が多かったよ。じゃあ，表の2を見て。これなら，どっち
　　　　　を選ぶ？

女子学生：うーん…。Bかな。

男子学生：なんで？　バニラのほうが好きなんじゃないの？

女子学生：なんか，もらえるポイントが多いし，得な感じがするから。

男子学生：それそれ。それを「媒介の最大化」っていうんだ。

女子学生：媒介の最大化？

男子学生：うん，媒介物，つまり，ここではポイントが，選択に最大の影響を与えてるってこと
　　　　　だよ。普通なら，簡単な方や自分の好きな報酬の方を選ぶのに，ポイントが数字で示
　　　　　されると，そっちを重要視するようになるんだって。

女子学生：へえ，なるほど…。こういうことって，よくありそうだね。

7番 先生が，アサギマダラというチョウの幼虫について話しています。この先生の話によると，この幼虫は，どのように葉を食べますか。

　日本各地で見られるアサギマダラというチョウの幼虫は，ある特定の植物の葉をえさにしています。この葉には毒が含まれているため，幼虫は独特の方法でこの葉を食べます。幼虫は，まず食べる部分の周囲を，円を描くように噛みながら傷を付けていきます。次に，その円の内側の部分を食べるのです。これは，先に傷つけることにより，円の内側の部分をしおれさせ，毒が弱まってから内側を食べるためだと言われています。

8番 先生が，スポーツ科学の授業で，幼稚園での運動指導の効果について話しています。この先生の話の内容をグラフに表すとどうなりますか。

　子どもたちの運動能力の低下を改善するために，幼稚園では，積極的に運動指導が取り入れられています。運動指導とは，体育の専門家や幼稚園の先生が，体操や器械運動，球技などの特定の活動を，一斉に指導することを指します。このような指導が，実際に子どもの運動能力の向上にどれだけ貢献しているのか，調査が行われました。結果は，指導をした場合よりしない場合のほうが子どもの運動能力が高く，また，指導をした場合も，より回数が少ない方が運動能力が高いことがわかりました。その理由として，運動指導は同じような運動の繰り返しが多いうえに，説明を聞いたり順番を待ったりする時間が長くて，実際に体を動かす時間が短いことが考えられます。運動指導をするよりも，子ども自身が工夫して意欲的に体を動かすほうが，多様な運動ができ，運動量も多くなるのです。

9番 先生が，物を乾燥させる方法について説明しています。この先生が最後にする質問の答えはどれですか。

　洗濯物や食器などを急いで乾燥させるときには，乾かしたい物に熱を加えて水分を蒸発させます。では，物を加熱するにはどのような方法があるのでしょうか。

　まず，対流伝熱の代表例はエアコンによる暖房で，加熱した空気の流れによって室内全体の温度が上昇します。また伝導伝熱では，熱したフライパンで肉を焼くように，加熱したい物に熱い物を直接接触させます。続く放射伝熱では，例えば太陽熱によって地面が熱くなるように，温度の高い物から出る熱線を温度の低い物に当てて加熱します。最後のマイクロ波による振動を利用した加熱の例には，食品を温めるのに使う電子レンジがあります。

　さて，私は洗濯物を急いで乾かすためにアイロンをかけることがあるのですが，これは図のどの方法にあたりますか。

10番 先生が，資料のデザインについて話しています。この先生のアドバイスどおりに直す
とグラフはどうなりますか。

　同じ内容を説明する資料でも，その見やすさ，伝わりやすさはデザインによって変わります。
円グラフを例に見てみましょう。円グラフは，割合を示すのに効果的なグラフです。図の「良く
ない例」を見てください。まず，各項目の説明がグラフと離れていると，目の移動が多くなって
疲れるので，項目はグラフ内に表示したほうがいいですね。また，数値が，各項目の割合ではな
く販売額になっています。割合を示す目的で円グラフにしたのに，これでは，各項目が全体の中
でどのぐらいを占めるのかが，具体的な数字としてわかりません。販売額ではなく割合をパーセ
ントで表示すると伝えたいことがはっきりします。直してみてください。

11番 先生が消費行動プロセスについて話しています。この先生が最近の「持たない消費」
のメリットとして述べているのは，「これまでの消費」のどの行動に関することですか。

　この図は，消費行動のプロセスを簡単に示したものです。「これまでの消費」では，まずイン
ターネットや店頭などで，ある商品の存在を知ります。そして，買ってから後悔しないように，
類似する商品の機能やデザイン，価格などを比較検討して，自分にとって最適な商品を探します。
買った商品はしばらく使い，要らなくなったら捨てることになります。
　しかし最近は，物を買って所有するのではない，いわば「持たない消費」というスタイルが増
えてきました。例えば，一定の金額を支払うことで音楽や動画などのコンテンツを利用したりす
るサブスクリプションサービスや，一つの商品を複数の人が共同利用するシェアリングサービス
があります。このような「持たない消費」のメリットとしては，いろいろな商品を手軽に体験で
きるので，商品を選ぶことにかける時間や労力が節約できるという点が挙げられます。

12番 先生が生物学の授業で，シジュウカラという鳥の鳴き声について話しています。この
先生が行った実験で，図の2種類の鳴き声を，最初とは逆の順序で聞いたシジュウカ
ラはどのような行動をとりましたか。

　シジュウカラという鳥は，図のAやBのように，鳴き声を使い分けて群れの中でコミュニケー
ションをとります。さらに，シジュウカラは時々この二つの鳴き声を組み合わせて先にA，後に
Bという順序で鳴きます。そこで，このAとBの順序に意味があるのかを調べるために次のよ
うな実験を行いました。
　まず，図にある2種類の鳴き声をあらかじめ録音し，最初は，先にA，後にBの順序でスピー

カーから流しました。すると，シジュウカラは周囲を警戒しながら鳴き声のするほうに近づきました。次に，順序を逆にすると，警戒する様子もなく，鳴き声のほうにも近づきませんでした。つまり，シジュウカラはＡとＢの鳴き声の順序を認識してコミュニケーションをとっていることがわかったのです。

◎聴解問題スクリプト

Track 20

練習 女子学生と男子学生が，待ち合わせの場所で話しています。この二人は，これからどうしますか。

女子学生：あ，お待たせ。山田さんはまだ？
男子学生：うん。さっき連絡があって，ちょっと遅れるって。待ってるって言ったんだけど，先に行ってくれって。
女子学生：でも，山田さん，研究会の場所，知ってるのかな？
男子学生：大丈夫だよ。先にどうぞって言ったんだから。
女子学生：そう言ってるのなら，大丈夫ね。

この二人はこれからどうしますか。
1．山田さんを待ってから行く。
2．山田さんに先に行ってもらう。
3．山田さんに連絡をする。
4．山田さんより先に行く。

Track 22

13番 先生が，ツバメという鳥について話しています。この先生は，ツバメは他の鳥と比べてどんなところが珍しいと言っていますか。

ツバメという鳥は，繁殖と子育てのために，春に日本にやってきます。ツバメは，卵を産み，ヒナを育てるための巣を人のいる場所によく作ります。よく見かける場所は家の屋根の下ですが，最近では，コンビニもツバメが好んで巣を作る建物の一つです。

巣は，泥とわらを壁にくっつけて作られます。雨が降ったとき，巣の中に水が入り卵やヒナがぬれてしまうことがないように，ツバメは屋根がある所に巣を作ります。その結果，人が作った建物に巣を作ることが多くなるのです。

鳥の巣といえば，木の上に枝で作られたものを思い浮かべる人が多いでしょう。例えばカラスなど，人が暮らす環境のそばにいる鳥であっても，公園の木など自然のものに巣を作ることがほとんどです。ツバメのような鳥は，珍しいのです。

この先生は，ツバメは他の鳥と比べてどんなところが珍しいと言っていますか。

1．町から離れた自然の中に巣を作るところ
2．水を補給しやすい場所に巣を作るところ
3．人間が建てた家やビルに巣を作るところ
4．公園の木の上に巣を作るところ

Track 23

14番 先生が，腹が立ったときに怒りを鎮める方法について話しています。この先生は，どうすることを勧めていますか。

　みなさんは，腹が立ったとき，どうやって，怒りを鎮めていますか。

　一口に怒りといっても，その内容や大きさはさまざまです。例えば，電車の中で足を踏まれたときと，友だちに約束を破られたときでは，怒りのレベルは違いますよね。そこで，やってみてほしいのが，怒りの大きさを点数化することです。ぜんぜん怒りを感じないレベルを 0 点，絶対に許せないレベルを10点として，点数で考えてみるのです。

　すると，点数化している間に，その腹立たしさが少し和らいできます。また，怒りを客観的にとらえることができ，どう対処すればいいかを冷静に考えられるようになります。

この先生は，腹が立ったときに，どうすることを勧めていますか。
1．腹が立った理由をできるだけたくさん書き出してみる。
2．怒りとは関係のないことを考えて気持ちを切り替える。
3．怒りの大きさの程度を数値で表してみる。
4．同じような怒りを感じたときどう対処したかを思い出す。

Track 24

15番 男子学生と女子学生が，雷について話しています。この女子学生は，雷を電気として有効に活用できない理由について，どのように言っていますか。

男子学生：さっきの雷，すごかったね。
女子学生：うん。あ，雷のエネルギーってどのくらいか知ってる？
男子学生：えー，よくわかんないな。
女子学生：雷が 1 回落ちたときに出るエネルギーって，一般家庭が使う電気の量の 6 か月分くらいにあたるんだって。
男子学生：え，そんなに！じゃあ，雷を電気として有効活用すればいいのに。
女子学生：そうなんだけど，雷を集めるって大変だよ。
男子学生：高いタワーを建てて，そこに雷を集めたらどうかな。

女子学生：残念ながら，タワーの建設費用って，一般家庭の100年分の電気代よりも高くなっちゃ
　　　　　うらしいよ。

男子学生：えー，そう簡単にはいかないんだね。

この女子学生は，雷を電気として有効に活用できない理由について，どのように言っていま
すか。

１．雷のエネルギーを使い切るのに，６か月以上かかるから

２．雷の発生を予測するのは，簡単ではないから

３．雷を集める設備を造るには，お金がかかりすぎるから

４．雷は電気の量が大きすぎて，一般家庭には危険だから

Track 25

16番　先生が，講演会で言葉のわかりやすさについて話しています。この先生はどんな言葉
　　　を使用するのがわかりやすいと言っていますか。

　現代の日本語には，外国から入ってきた言葉がカタカナ語として多く存在しています。カタカ
ナ語は時にわかりにくいため，できるだけ使わないようにすべきだとする議論もあります。また，
カタカナ語だけでなく，漢字の言葉，つまり漢語も難しくきこえる場合があります。

　それでは，日本に昔からある言葉，和語を使えばわかりやすくなるかというとそうでもありま
せん。例えば「住んでいる所」という意味の「住所」という言葉は，和語で「ところがき」と言
いますが，漢語に慣れてしまった人にとっては「住所」のほうがわかりやすいですね。言葉は慣
用的なものですので，一般に通用している言葉で表現するのが，結果として一番わかりやすいの
です。カタカナだからわかりにくいとか，漢字だからわかりにくいとか，一概には言えません。

この先生はどんな言葉を使用するのがわかりやすいといっていますか。

１．日本固有の言葉である和語を使用する。

２．カタカナ言葉を使用する。

３．漢語と和語を混ぜて使用する。

４．一般的によく使われる言い方を使用する。

Track 26

17番　先生が，介護ロボットについて話しています。この先生の話によると，介護ロボット
　　　の導入が進んでいない一番の理由は何ですか。

　介護ロボットとは，介護が必要になった高齢者の生活や行動を助けたり，高齢者を介護する人
の負担を軽減したりするためのロボットで，近年，様々な企業が開発しています。例えば，ある

企業は，介護施設で高齢者の話し相手をしたり，体操の指導をしたりするロボットを開発しました。

　介護ロボットは，介護施設の人手不足を解消するために，大いに期待されています。ただ，現段階では，ロボットの導入はそれほど進んでいません。値段が高いということもありますが，それよりも，ロボットの機能がまだ介護施設のニーズに追いついていないからだと考えられます。高齢者の話し相手をしたりするだけでなく，介護施設が必要としている移動や入浴の支援といった介護の手助けができるロボットの開発が求められます。

この先生の話によると，介護ロボットの導入が進んでいない一番の理由は何ですか。

1．ロボットを開発する企業が少ないこと
2．介護施設の望む機能が備わっていないこと
3．介護施設に十分な購入資金がないこと
4．高齢者がロボットと話したがらないこと

Track 27

18番　先生が，数学の勉強について話しています。この先生は，数学アレルギーの人が多い，一番の原因は何だと言っていますか。

　私の周りには，数学の勉強に対して拒否反応を示す「数学アレルギー」の人が少なからずいます。特に，自分のことを文系人間だと思っている人に多いのですが，なぜそうなってしまうのでしょうか。

　私は，毎日の生活の中で数学が役立っていることやそのありがたさ，面白さを知る機会がないことが，最も大きな原因ではないかと思います。数学は，物事を筋道立てて考えることを学び，その訓練ができるものであるにもかかわらず，そういった実用性や面白さを学校の授業ではなかなか教えてくれないのです。学校で教わる数学では，たくさんの公式が出てくるため，それを暗記するのが数学の勉強だと思ってしまっているのではないでしょうか。これでは，数学アレルギーの人が減らないのも無理はないと思います。

この先生は，数学アレルギーの人が多い，一番の原因は何だと言っていますか。

1．文系を専門とする学生が多くなっているため
2．実際の生活で，数学が役に立つ場面がないため
3．物事を筋道立てて考える必要性が減っているため
4．学校で，数学の実用性や面白さが教えられていないため

19番 先生が，犬の行動に関する実験について話しています。この先生は，おやつがもらえなかった犬はどうなったと言っていますか。

　犬の行動に関する興味深い実験があります。実験者は，まず2匹の犬に，「お手」と言ったら，前足を前に出すように指示します。犬がそれに応えて前足を出したら，ごほうびとしておやつを与えます。これを繰り返し，前足を出すとおやつがもらえるということを学習させます。

　そのあと，2匹に対して「お手」の指示を出すものの，おやつは片方の犬にしか与えないようにします。それを繰り返すと，おやつをもらえないほうの犬は，次第に実験者の命令に従わなくなります。そして，しまいには，実験者に対してうなったり走り出したりと，いらだちの行動をとるようになります。犬も，不公平や不平等を感じると，その感情を行動として表に出しているわけです。

この先生は，おやつがもらえなかった犬はどうなったと言っていますか。
1. おやつがもらえるまで「お手」を繰り返すようになった。
2. 不公平な扱いに対する不満を表すようになった。
3. おやつがもらえる別の条件を探すようになった。
4. もう一方の犬のおやつを横から奪うようになった。

20番 病理学の授業で，先生が「緑内障」という目の病気について説明しています。この先生が挙げた患者さんの例は，緑内障の原因のうち，どれによるものですか。

　緑内障には，突然激しい痛みが起きる急性型と，ゆっくり病状が進んでいく慢性型とがあります。急性型緑内障は，残念ながら原因がまだはっきりわかっていません。ただ，長い時間目に負担をかけたときや，興奮したとき，暗いところでものを見ようとしたときに起こりやすいようです。また，目の検査で使う目薬の中には，緑内障を起こしやすいものもあるので，そういった薬を使う場合には注意が必要です。

　具体的な状況の例を考えてみましょう。先週私の病院に来た患者さんは，昼間，小さな字で書いてある本を何十ページも読んでいたときに発作が起きたそうです。この人のように，明るい場所にいても，また，特に興奮するようなことがなくても，長い間下を向いて目を使っていると，緑内障の症状が現れることがあるのです。

この先生が挙げた患者さんの例は，緑内障の原因のうち，どれによるものですか。

1. 長い間目に負担をかけたこと
2. 興奮したこと
3. 暗いところでものを見ようとしたこと
4. 目の検査のための目薬を使ったこと

Track 30

21番 男子学生と女子学生が，時間の上手な使い方について話しています。この女子学生は，ノートにどのようなことを書いておくといいと言っていますか。

男子学生：最近，なんだか自分の生活で無駄な時間が多い気がしているんだよね。時間を上手に使えるようになるには，どうしたらいいんだろう…。

女子学生：ああ，そういうときは，まずは自分の行動をノートに記録するといいよ。

男子学生：え，自分の行動を？

女子学生：そう。朝起きてから寝るまでの1日の生活とか，勉強や趣味の内容とそれにかかった時間なんかをノートに書き出してみるの。

男子学生：ふうん，それで？

女子学生：それを1週間くらい続けて，ノートを見返してみると，自分の時間の使い方が客観的に見えてくるよ。自分自身のことって意外とわかってないから，ぼーっとして何もできていない時間が，どこにあるのか気づけるんだ。

男子学生：へえ。

女子学生：そうして気づいた時間の使い方を直していけば，自然に生活が変わっていくよ。

男子学生：そうなんだ。僕もちょっと試してみようかな。

この女子学生は，ノートにどのようなことを書いておくといいと言っていますか。

1. 次の日にやるべきこと
2. 1週間の行動の目標
3. その日に気づいたこと
4. 日々の活動内容とかかった時間

Track 31

22番 先生が，日本と西洋のものづくりの発想の違いについて話しています。この先生は，西洋では一つ一つの物をどんな発想で作ると言っていますか。

「ものづくり」における発想という観点では，日本と西洋では違いがあります。これは，私たちの身の回りのものを比べてみればわかります。

例えば，食事のとき，西洋では料理によってナイフやフォークを使い分けます。コース料理などでは，何本も用途の違うナイフやフォークが並んでいますよね。一方，日本料理では，はじめから終わりまで同じ箸を使いますね。また，日本の伝統的な風呂敷は一枚の布を使って何でも包むことができますが，入れるものを想定して作られたかばんは，そうはいきません。このような発想の違いは，服や家などにも見られます。

この先生は，西洋では一つ一つの物をどんな発想で作ると言っていますか。
1．多様な使い方ができるように作る。
2．昔からの伝統を大切にして作る。
3．他の物との調和を重視して作る。
4．使用する目的に応じて作る。

Track 32

23番　先生が，死んだふりをする生き物について話しています。この先生が例に挙げる虫の場合，死んだふりをするものには，しないものと比べてどのような特徴がありますか。

　自然界には，敵に襲われそうになると，動きを止めて死んだふりをする生き物がいます。これには，敵から逃れる以外にもメリットがあることが実験でわかりました。
　この実験ではまず，ある種類の虫を，死んだふりをしている時間が長いものと，短いものに分けて，それぞれ繁殖を繰り返し，死んだふりをするグループと，まったく死んだふりをしないグループを育てました。それらを比較したところ，死んだふりをするグループはふだんからあまり動かず，寿命が長いということがわかりました。これは，あまり動かないことによって，エネルギーの消費が抑えられているからだと考えられます。
　一方で，動きが少なければ，異性と出合う機会も少なくなります。これは，繁殖の上では不利だと言えるでしょう。

この先生が例に挙げた虫の場合，死んだふりをするものには，しないものと比べてどのような特徴がありますか。
1．長く生存できる。
2．異性を見つける機会が多い。
3．比較的体が大きい。
4．エネルギーをたくさん使う。

24番　先生が，あるマーケティング戦略について話しています。この先生は，この戦略をとるとどのような効果があると言っていますか。

　マーケティング戦略の一つとして「ブランド化」を挙げることができます。「ブランド化」とは，簡単にいえば自社の商品に，他社の商品にはないユニークな特徴を持たせ，差別化を図ることです。一般にブランド化した商品は多少高い値段がつけられますが，この場合高い値段は高い品質を連想させるので，顧客は抵抗を感じずに購入します。多くの企業が自社の商品のブランド化に努めているのには，このような理由があるのです。ブランド化の方法としては，例えば，広告に人気俳優を起用して商品のイメージをよくする，パッケージに高級感を出すなどが考えられます。

この先生は，この戦略をとるとどのような効果があると言っていますか。
1．商品の値段の安さが強調され，より多く購入される。
2．商品の見た目は問題とされず，中身が評価される。
3．商品の値段が比較的高くても，買い手が納得する。
4．商品の質が向上し，企業のイメージも向上する。

25番　衣料品を作る会社の社長が，インタビューに答えています。この社長の話によると，最近新たに発売したTシャツには，どのような工夫が加えられましたか。

インタビュアー：こちらの会社では，ユニバーサルデザインを意識した，だれにでも使いやすい商品を作られているそうですね。

　　　　社長：はい。最初に発売したのは，表と裏の区別がないTシャツです。

インタビュアー：裏返しでも着られて便利な上に，とても肌触りのよい生地でできていますよね。この商品を考案されるには，何かきっかけがあったのでしょうか。

　　　　社長：実は，私の子供が間違えて服を裏返しに着ているのを見て，思いついたんです。表と裏の区別がなければ，確認しなくていいし，間違える心配もありませんから，ご高齢の方や障害のある方にも気持ちよく着ていただけるんじゃないかと考えたわけです。

インタビュアー：なるほど。そして，最近は，さらに改良を加えた商品を発売されたそうですが…。

　　　　社長：はい。新しい商品は，表と裏だけでなく前と後ろの区別もないデザインになっているので，もっと便利に着ていただけるようになったと思います。

この社長の話によると，最近新たに発売したＴシャツには，どのような工夫が加えられましたか。

1．表と裏の区別がないデザインにした。
2．子供が喜ぶように肌触りのよい生地を使った。
3．前も後ろも同じデザインにした。
4．同じデザインでいろいろなサイズのものを作った。

Track 35

26番　先生が，心理学のある実験について話しています。この先生が紹介する実験では，どうすると一番幸福度が高まりましたか。

　周りの人から親切にされるとうれしいものですが，実は自分が他の人に親切にすることでも，幸せな気持ちが生まれるようです。その幸福度はどのように高まるのかを調べた実験があります。
　この実験では，参加者に，お金を伴わない親切な行動，例えば高齢の親戚を訪ねたり，短時間のボランティアをしたりする，ということを週に5回，6週間にわたって行ってもらいました。週に5回というのは，1日に5回まとめて行う形でも，1日に1回ずつ5回に分けて行う形でもいいことにしました。
　その結果，6週間後には，すべての参加者の幸福度が高まったことがわかりました。その中でも，1日に5回まとめて行った場合が，最も幸福度が高まることもわかりました。毎日行っていると，脳が刺激に慣れてしまい，幸せを感じにくくなるのです。

この先生が紹介した実験では，どうすると一番幸福度が高まりましたか。

1．お金のかからない親切を，できるだけたくさんする。
2．1週間分の親切な行動を，1日にまとめてする。
3．毎日必ず1回，周りの人に親切なことをする。
4．親切にしてくれた人に対して，自分も親切で返す。

Track 36

27番　先生が，地球の温暖化を防ぐ方法と，それに対する意見について話しています。この先生の話によると，この方法の問題点として指摘されていることは何ですか。

　今，地球の温暖化を食い止めるための研究が，世界中で進められています。最近発表された研究の一つが，飛行機などで，上空に，大量のごく小さな粒をまくという手法の開発です。これは，小さな粒で太陽光の一部を反射させることによって，地球に降り注ぐ太陽光の量を減少させるものです。この方法は，実際に行われたことはありませんが，以前大規模な火山噴火が起きた際に，噴火の煙に含まれる小さな粒が太陽光の一部を反射させ，地球の平均気温が0.5度下がったとい

う例があります。

　しかし，気温の上昇は抑えられても，ほかのリスクが高まる心配があります。例えば，ある地域では降水量の増加によって洪水が発生しやすくなり，別の地域では雨が降らず水不足になるといった危険性が予想されています。こうした悪影響が考えられることから，多くの研究者がこの方法をとることに反対しています。

この先生の話によると，この方法の問題点として指摘されていることは何ですか。
１．火山の噴火が起こりやすくなること
２．小さな粒をまくのに高い費用がかかること
３．温暖化を食い止める効果が期待できないこと
４．洪水や水不足を引き起こす可能性があること

2023年度

日本留学試験（第２回）

正　解　表

The Correct Answers

2023 年度日本留学試験（第 2 回）試験問題 正解表 The Correct Answers

〈日本語〉Japanese as a Foreign Language

記　述…解答例を 375，376 ページに掲載

読解

問		解答番号	正解
Ⅰ		1	2
Ⅱ		2	3
Ⅲ		3	2
Ⅳ		4	4
Ⅴ		5	2
Ⅵ		6	1
Ⅶ		7	2
Ⅷ		8	3
Ⅸ		9	3
Ⅹ		10	3
ⅩⅠ	問 1	11	1
	問 2	12	3
ⅩⅡ	問 1	13	1
	問 2	14	4
ⅩⅢ	問 1	15	2
	問 2	16	1
ⅩⅣ	問 1	17	2
	問 2	18	4
ⅩⅤ	問 1	19	1
	問 2	20	4
ⅩⅥ	問 1	21	4
	問 2	22	3
ⅩⅦ	問 1	23	4
	問 2	24	3
	問 3	25	1

聴読解

問	解答番号	正解
1 番	1	※
2 番	2	3
3 番	3	1
4 番	4	2
5 番	5	3
6 番	6	1
7 番	7	4
8 番	8	1
9 番	9	2
10 番	10	4
11 番	11	2
12 番	12	4

聴解

問	解答番号	正解
13 番	13	3
14 番	14	3
15 番	15	3
16 番	16	4
17 番	17	2
18 番	18	4
19 番	19	2
20 番	20	1
21 番	21	4
22 番	22	4
23 番	23	1
24 番	24	3
25 番	25	3
26 番	26	2
27 番	27	4

※　聴読解 1 番の正解は掲載しません。

〈理 科〉Science

物理 Physics			
問Q.		解答番号 row	正解 A.
I	問1	1	**4**
	問2	2	**2**
	問3	3	**4**
	問4	4	**5**
	問5	5	**2**
	問6	6	**3**
II	問1	7	**5**
	問2	8	**3**
	問3	9	**4**
III	問1	10	**3**
	問2	11	**4**
	問3	12	**7**
IV	問1	13	**5**
	問2	14	**1**
	問3	15	**5**
	問4	16	**8**
	問5	17	**3**
	問6	18	**2**
V	問1	19	**3**

化学 Chemistry		
問Q.	解答番号 row	正解 A.
問1	1	**4**
問2	2	**4**
問3	3	**1**
問4	4	**5**
問5	5	**2**
問6	6	**4**
問7	7	**3**
問8	8	**5**
問9	9	**2**
問10	10	**4**
問11	11	**4**
問12	12	**2**
問13	13	**1**
問14	14	**1**
問15	15	**2**
問16	16	**1**
問17	17	**3**
問18	18	**2**
問19	19	**5**
問20	20	**3**

生物 Biology		
問Q.	解答番号 row	正解 A.
問1	1	**4**
問2	2	**2**
問3	3	**5**
問3	4	**3**
問4	5	**2**
問5	6	**3**
問6	7	**3**
問7	8	**2**
問8	9	**5**
問9	10	**5**
問10	11	**3**
問11	12	**3**
問12	13	**1**
問13	14	**4**
問14	15	**6**
問15	16	**2**
問16	17	**2**
問17	18	**3**

〈総合科目〉 Japan and the World

問Q.	解答番号 row	正解 A.
問1	1	**2**
	2	**3**
	3	**3**
	4	**4**
問2	5	**3**
	6	**2**
	7	**2**
	8	**4**
問3	9	**4**
問4	10	**1**
問5	11	**1**
問6	12	**2**
問7	13	**3**
問8	14	**2**
問9	15	**1**
問10	16	**4**
問11	17	**1**
問12	18	**1**
問13	19	**3**
問14	20	**4**
問15	21	**2**

問Q.	解答番号 row	正解 A.
問16	22	**3**
問17	23	**2**
問18	24	**4**
問19	25	**2**
問20	26	**2**
問21	27	**3**
問22	28	**1**
問23	29	**3**
問24	30	**3**
問25	31	**2**
問26	32	**1**
問27	33	**1**
問28	34	**4**
問29	35	**1**
問30	36	**4**
問31	37	**4**
問32	38	**3**

〈数　学〉Mathematics

コース１　Course1			
問Q.		解答番号 row	正解 A.
I	問1	AB	29
		CD	25
		E	3
		F	7
		GH	32
		IJ	22
	問2	KL	15
		M	2
		NO	30
		PQ	30
		RS	15
II	問1	ABC	−30
		D	7
		EF	12
		GH	12
		IJK	433
	問2	LM	12
		N	0
		O	1
		P	9
		Q	4
		RS	−2
		TU	23
		VW	−1
		XY	13
III		ABC	272
		DEFG	2257
		HI	84
		J	8
		KLM	336
		NOPQ	7154
		R	7
		S	3
		TUV	715
		WX	37
IV		AB	45
		CD	32
		EF	33
		GHI	264
		JK	60
		LM	22
		NO	62
		P	3
		Q	2
		RS	23

コース２　Course2			
問Q.		解答番号 row	正解 A.
I	問1	AB	29
		CD	25
		E	3
		F	7
		GH	32
		IJ	22
	問2	KL	15
		M	2
		NO	30
		PQ	30
		RS	15
II	問1	AB	12
		C	1
		D	0
		EF	62
		G	9
		H	0
		IJ	53
		KLM	539
	問2	NO	21
		PQ	25
		RS	95
		TUVW	3445
		X	2
III		AB	−2
		CD	38
		EFG	241
		HIJ	−53
		KLM	2−7
		NO	53
		PQRS	7727
		TUV	152
		WXY	112
IV		A	2
		BC	21
		DE	21
		F	1
		G	1
		HIJK	4641
		LM	41
		NO	41
		P	1
		Q	0
		RS	12
		T	1
		U	0
		VW	41

記述問題1　解答例

　現代の社会においては多くの人が高校に進み、社会人として必要な最低限の知識を得る。その後、専門学校、大学、大学院などの教育機関に進学する人もいる。高学歴を目指す理由として、人生の選択肢を増やすことを挙げる人が多い。それは高校卒業の時点で自分のしたいことが不明確な場合が多いからだろう。
　一方、高校卒業時に自分がしたいことが明確な場合は大学に進まないという選択肢もありうる。そうすれば自分のしたいことのために時間もお金も有効に使える。
　例えば、私の家の近所に繁盛しているラーメン店がある。その店主は高校時代、ラーメン屋でアルバイトをしたことをきっかけに自分の店をもつという夢を抱いたそうだ。高校卒業後、働きながらスープの研究を重ねて独立し、行列が絶えない店を作り上げた。高い学歴がなくても夢をかなえた事例だと思う。
　しかし、現在、彼は大学進学に興味をもっている。味覚の研究を志しているからだ。
　このように大学に行く目的は高学歴を得ることではなく、探究心を満たすための勉強をすることにあるのではないか。夢やその探求こそ、人生で重要なことだと私は考える。

記述問題2　解答例

　昨今、地域に固有の伝統的な文化や技術を受け継ぐ人が不足しているという。日本では地方の過疎化もあり、後継者不足は深刻だ。

　一方で、伝統的な文化や技術を受け継ぐ地域外の人も出てきているようだ。背景にはインターネットの発達がある。離れた地域の文化や技術を動画で見たり、実際に体験したりできるようになったことがきっかけになっている。多くの人は体験だけで満足するが、中には修行を積み、文化や技術をより深く学ぼうという人もいる。

　しかし、それを快く思わない人もいるようだ。地域の文化や技術の魅力は、そこで生まれ育った人だから理解できるもので、他の地域の人には理解できないと考えるのだろう。

　だが、そうだろうか。地域の文化や技術の魅力は、中の人よりむしろ、外の人のほうが発見しやすいということもある。中の人には当たり前のものであっても、外の人には新鮮で特別なものとして映ることもあるからだ。

　そういう人こそ、その伝統文化、技術を大切にしてくれるのではないか。重要なのは文化や技術に魅力を感じることだ。生まれ育った場所は関係ない。守り受け継ごうという人が役目を果たすことが自然だと思う。

「記述」採点基準

「記述」の採点にあたっては，以下の基準に基づき採点し，得点を表示します。

得点	基準
５０点	（レベルS） 課題に沿って，書き手の主張が，説得力のある根拠とともに明確に述べられている。かつ，効果的な構成と洗練された表現が認められる。
４５点 ４０点	（レベルA） 課題に沿って，書き手の主張が，妥当な根拠とともに明確に述べられている。かつ，効果的な構成と適切な表現が認められる。
３５点 ３０点	（レベルB） 課題にほぼ沿って，書き手の主張が，おおむね妥当な根拠とともに述べられている。かつ，妥当な構成を持ち，表現に情報伝達上の支障が認められない。
２５点 ２０点	（レベルC） 課題を無視せず，書き手の主張が，根拠とともに述べられている。しかし，その根拠の妥当性，構成，表現などに不適切な点が認められる。
１０点	（レベルD） 書き手の主張や構成が認められない。あるいは，主張や構成が認められても，課題との関連性が薄い。また，表現にかなり不適切な点が認められる。
０点	（NA）＊ 採点がなされるための条件を満たさない。

レベルA，B，Cについては，同一水準内で上位の者と下位の者を区別して得点を表示する。

＊０点（NA）に該当する答案は以下のとおりである。
- 白紙である。
- 課題と関連のない記述である。
- 課題文をそのまま書いているだけである。
- 課題に関連する日本語の記述（課題文をそのまま書いた部分を除く）が40字に満たない。
- 問題冊子の表紙等を引き写している部分がある。
- その他，委員会の議を経て，０点とするに至当な理由があると判断されたもの。

Score Rating of "Writing" Section

We will score the "Writing" section according to the following rating standard and indicate the respective scores.

Score	Rating
50	(Level S) An essay at this level · clearly addresses the topic with persuasive reasons · is well organized and developed · uses refined expressions in language
45 40	(Level A) An essay at this level · clearly addresses the topic with appropriate reasons · is well organized and developed · uses appropriate expressions in language
35 30	(Level B) An essay at this level · addresses the topic with mostly appropriate reasons · is generally well organized, though it may have occasional problems · may use inappropriate expressions in language
25 20	(Level C) An essay at this level · roughly addresses the topic with reasons, which may be inappropriate · may have problems in its organization · uses inappropriate expressions in language
10	(Level D) An essay at this level · does not address the topic · is disorganized and underdeveloped · has serious errors in usage
0	(NA) * An essay does not meet the rating conditions.

Each of Levels A, B and C has two grades: higher and lower.

* An essay is given a score of 0 (NA) if:
· It is blank.
· It is not relevant to the topic.
· It only repeats the topic statement.
· Its Japanese text relevant to the topic is less than 40 characters in length, excluding the part repeating the topic statement.
· It contains text copied from the question booklet cover or elsewhere.
· It is judged by the committee after deliberation as having another proper reason to be considered NA.

2023年度　日本留学試験（第 2 回）試験問題 （聴解・聴読解問題CD付）

発行日…………　2024 年 1 月 31 日　初版第 1 刷

編著者…………　独立行政法人　日本学生支援機構
　　　　　　　　　〒 153-8503　東京都目黒区駒場 4-5-29
　　　　　　　　　電話　03-6407-7457
　　　　　　　　　ホームページ　https://www.jasso.go.jp/

印刷所…………　倉敷印刷株式会社

発行所…………　株式会社　凡 人 社
　　　　　　　　　〒 102-0093　東京都千代田区平河町 1-3-13
　　　　　　　　　電話 03-3263-3959
　　　　　　　　　ホームページ https://www.bonjinsha.com/

ISBN978-4-86746-009-2

CDトラック番号一覧

トラック番号	問題番号等	トラック番号	問題番号等
1	音量調節	19	聴解の説明
2	試験全体の説明	20	聴解練習
3	聴読解の説明	21	聴解練習の解説
4	聴読解練習	22	聴解13番
5	聴読解練習の解説	23	聴解14番
6	※	24	聴解15番
7	聴読解2番	25	聴解16番
8	聴読解3番	26	聴解17番
9	聴読解4番	27	聴解18番
10	聴読解5番	28	聴解19番
11	聴読解6番	29	聴解20番
12	聴読解7番	30	聴解21番
13	聴読解8番	31	聴解22番
14	聴読解9番	32	聴解23番
15	聴読解10番	33	聴解24番
16	聴読解11番	34	聴解25番
17	聴読解12番	35	聴解26番
18	聴読解終了の合図	36	聴解27番
		37	聴解終了及び解答終了の合図

※ 聴読解1番の音声は収録されていません。